정념과 이해관계

정념과 이해관계
자본주의의 승리 이전에 등장한 자본주의에 대한 정치적 논변들

1판1쇄 | 2020년 8월 3일
1판2쇄 | 2022년 7월 4일

지은이 | 앨버트 O. 허시먼
옮긴이 | 노정태

펴낸이 | 안중철, 정민용
편집 | 심정용, 윤상훈, 이진실, 최미정

펴낸곳 | 후마니타스(주)
등록 | 2002년 2월 19일 제2002-000481호
주소 | 서울 마포구 신촌로14안길 17, 2층 (04057)
전화 | 편집_02.739.9929/9930 영업_02.722.9960 팩스_0505.333.9960

블로그 | blog.naver.com/humabook
트위터, 페이스북, 인스타그램 | @humanitasbook
이메일 | humanitasbooks@gmail.com

인쇄 | 천일문화사_031.955.8083 제본 | 일진제책사_031.908.1407

값 16,000원

ISBN 978-89-6437-357-6 93300

HIRSCHMAN

정념과 이해관계

자본주의의 승리 이전에 등장한
자본주의에 대한 정치적 논변들

앨버트 O. 허시먼 지음 | 노정태 옮김

후마니타스

Emblem No.27 "Repress the Passions!"
in Peter Iselburg, *Emblemata Politica*, Nuremberg, 1617.

"정념을 억제하라!"
1617년 총기 제작자이자 출판업자인 페터 이젤부르크가 출간한『엠블레마타 폴리티카』는 다음 웹
사이트에서도 볼 수 있다. https://openlibrary.org/books/OL23705023M/Emblemata_politica

정념이 사람들에게 악인이 될 생각을 불어넣는데도, 그렇게 되지 않는 것이 이익인 상황에 있다는 것은 사람들에게 다행스러운 일이다.

_몽테스키외, 『법의 정신』.

일러두기

1. 이 책은 앨버트 O. 허시먼의 *The Passions and the Interests: Political Arguments for Capitalism before Its Triumph* (Princeton University Press, 2013)를 우리말로 옮긴 것이다.

2. 단행본·정기간행물에는 겹낫표(『 』)를, 논문·기사·기고문 등에는 홑낫표(「 」)를 사용했다.

3. 원서에서 이탤릭체로 강조한 단어는 드러냄표로 처리했다.

4. 외국 고유명사의 우리말 표기는 국립국어원의 외래어표기법을 따랐다. 그러나 관행적으로 굳어진 표기는 그대로 사용했으며 필요한 경우 한자나 원어를 병기했다.

5. 인용문을 제외한 본문에서 사용한 대괄호는 옮긴이가 첨가했고, 인용문에서 옮긴이가 첨언한 곳은 '[–옮긴이]'로 표기했다. 긴 설명이 필요한 옮긴이의 주는 별표를 달아 각주로 처리했다. 그 외 모든 각주와 후주는 지은이의 것이다.

6. 국역본이 있는 책의 경우, 국역본 제목을 살려 표기했다. 해당 책이나 논문을 인용할 때는 국역본 쪽수를 병기했다. 인용문의 번역은 본문의 맥락에 따라 수정했으며, 별도의 표기는 하지 않았다.

7. 이 책에서 허시먼은 'interest'(단수형)와 'interests'(복수형)를 서로 다른 개념으로 보고 이를 대조해 논의할 때가 있다. 단수형은 대체로 지배자·군주·국가의 '이익/이해관계'와 관련해 등장하며, 복수형은 다양한 행위자들의 '이익들/이해관계들'을 지칭한다. 이처럼 두 개념을 대조해 논의할 경우에는 번역어에서도 단수형과 복수형을 구별해 옮겼지만, 그렇지 않은 경우에는 별도의 구분 없이, 맥락에 따라 단수형과 복수형을 혼용했다. '이익/이해관계' 역시 맥락에 따라 자연스러운 표현을 따랐다.

제1부　이해관계는 어떻게 정념의 맞상대로 불려 나오게 되었나

아마르티아 센의 서문

앨버트 허시먼은 우리 시대의 가장 위대한 지식인 가운데 한 사람이다. 그의 저작은 우리가 경제 발전, 사회제도, 인간의 행동 등을, 그리고 우리의 정체성, 충성심, 참여의 본성 및 그것의 함의를 이해하는 방식을 변화시켰다. 그렇다 보니, 내가 이 책을 허시먼이 우리에게 남겨 준 가장 훌륭한 이론적 기여라고 말하는 것은 매우 강한 주장이 될 것이다. 그리 길지 않은 이 책이 오늘날 거의 주목받지 못하며, 점점 더 경시되고 있는, 전 세계 주요 대학의 경제학 수업 목록에서 거의 사라진 분야인 경제사상사를 다루고 있다는 점을 놓고 보면 더욱 그렇다. 『정념과 이해관계』는, (허시먼이 또 다른 저작인 『경제발전의 전략』*The Strategy of Economic Development*[이강제 옮김, 대명출판사, 1987]에서 탁월하게 보여 주었듯이) 정책 방침을 제시하는 등 공적 의사 결정에 기여하거나, (『떠날 것인가, 남을 것인가』*Exit, Voice, and Loyalty*[강명구 옮김, 나무연필, 2016]에서 탁월하게 그려지듯이) 실천 이성의 요구로부터 파생되는 긴급한 문제들을 담고 있지는 않다. 그렇다면 이 책은 어떤 점에서 특별하다고 할 수 있을까?

해롭지 않은 이해관계*와 유해한 정념

위 질문에 대한 답은 허시먼을 통해 자본주의의 이데올로기적 토대를 신선한 방식으로 볼 수 있게 되었을 뿐만 아니라, 그 신선한 시각이라는 것이 200년도 더 된 관념에서 나왔다는 놀라운 사실에 있다. 자본주의를 옹호하는 기본적인 가설 — 허시먼이 그것이 표출되고 발전한 과정을 조사한 — 은 '자본주의로 말미암아 인간의 몇몇 악성malignant 성향은 사라지고 대신에 양성benign 성향이 활성화된다'는 믿음에 기초해 있다. 이 같은 시각은 오늘날의 현실에 부합하지 않을 뿐만 아니라 매우 동떨어져 보인다. 따라서 갓 태동한 자본주의를 위해 나선 초기의 옹호자들이 이런 논제를 매우 강력하게 (그리고 자신들의 논리 안에서 상당히 설득력 있게) 전개하고 방어했다는 사실을 특히 주목할 필요가 있다. 자본주의가 전면적인 성공을 거두었고, 그 사실이 잘 알려져 있는 오늘날의 세계에서, 자본주의의 미덕과 악덕을 동일시하는 것 또한 말하자면 상식이 되었기에, 이 체계

---

* '이해관계/이익' 및 '이해관계들/이익들' 사이의 구별에 대해서는 일러두기 참조.

가 그 초창기에는 오늘날의 관점과는 너무나도 다른 방식에 의거해 지적으로 옹호되었다는 사실을 파악하기란 쉽지 않은 일이 되었다.

그 기본적인 발상은 깜짝 놀랄 만큼 단순한 것이다. (고전 할리우드 영화에서 나올 법한) 비유를 들어 보자. 당신이 당신의 어떤 부분 — 가령 피부색이나 코의 모양, 당신이 믿는 종교 따위 등등 — 을 열정적으로 싫어해 당신을 죽이고자 하는 광신도들에게 쫓기고 있다고 가정해 보자. 그들이 온통 당신에게만 관심을 집중해 쫓아오는 상황에서, 당신이 도망치며 약간의 돈을 뿌리자, 그들은 각자 땅에 떨어진 지폐들을 진지하게 주워 모으기 시작한다. 도망치면서 당신은 그 깡패들이 이처럼 선량한[양성의]benign 자기 이익을 추구했다는 점에서 운이 좋았다고 생각할 수도 있겠지만, 일반화에 능숙한 이론가는 이 사례를 폭력적인 정념violent passion이 부의 추구라는 해롭지 않은 이익의 추구로 인해 억눌리는 보편적 현상의 한 사례 — 그것도 적나라한 사례 — 에 지나지 않는다고 언급할지도 모른다. 자본주의의 초기 옹호자들은 자본주의의 이 같은 점에 갈채를 보내고 있었는데, 이 통찰력 넘치는 소책자는 바로 이 점을 주제로 삼고 있다.

정보 경제 및 유인과의 비교

물론 자본주의의 행동적 토대는 꾸준히 관심을 끌어왔으며, 자기 이익의 추구는 여전히 자본주의의 작동 방식에 대한, 또한 그것의 성공[이유]을 설명하고자 하는 이론들에서 중심적인 위치를 차지하고 있다. 그러나 이 최근의 이론들 안에서 이해관계들에는 유해한 정념을 차단하는 부정적 역할보다는, 유인 체계의 원활한 작동뿐만 아니라 정보 경제를 통한 자원의 효율적 할당을 촉진한다는 것과 같이 다른 — 그리고 훨씬 '긍정적인' — 역할이 부여되었다.

(새로운 [20주년 기념판] 서문에서 밝히고 있듯이) 허시먼이 이 역사적 연구를 착수하는 데 영감을 준 것으로 알려진 몽테스키외의 주장은, 정념이 사람들에게 "악인이 될" 생각을 불어넣더라도, 그들은 "그렇게 되지 않는 것이 이익인 상황에 있다"는 몽테스키외의 믿음과 관련되어 있다. 제임스 스튜어트는 "이해관계들"을 "전제정의 어리석음"에 맞서 고안된 "가장 효과적인 굴레"라고 극찬했다. 이는 시장 경제 및 통제되지 않는 자본주의에 대한 현재의 이론들이 수행하고 있는 행동의 동기에 대한 분석과는 다른 방향으로 향하는 것이다.

오늘날과의 연관성

그러나 이 책에서 다루는 이해관계는 역사적 조망의 대상으로만 남아 있지 않다. 오늘날의 관심사와도 수많은 연관성이 있는 것이다. 현대 세계에서 고약한 정념이 낳는 끔찍한 영향력을 놓고 볼 때, 사람들을 스스로의 파괴적 행태로부터 격리하기 위해 자본주의와 소유 본능에 재갈을 물릴 수 있을지 여부를 묻는 것은 분명히 중요한 일이 된다. 몽테스키외나 제임스 스튜어트 경, 그리고 그들의 몇몇 동시대인들만이 자기 이익의 추구를 위대한 구원자로 바라본 것은 아니다. (기존 문헌들에 대해 대체로 알지 못했던) 후대의 여러 작가들 역시, 자기 이익을 사악한 정념의 영향으로부터 탈출할 수 있는 위대한 방편으로 간주했다.

허시먼이 지적하는 바와 같이, 케인스마저도 전자가 후자의 "대안"으로 기능하기를 바라는 마음을 담아 "인간 개개인이 동료 시민을 함부로 다루는 것보다는 각자 자신의 은행 잔액을 함부로 다루는 것이 낫다"고 썼다. 이에 대해 허시먼은 "자본주의를 신중하게 옹호한 것으로 잘 알려진 케인스가, 존슨[새뮤얼 존슨] 박사 및 그 밖의 18세기 인물들과 동일한 논변을 사용하고 있다는 것을 확인하는 일은, 지금까지의 논의를 놓고 볼 때 거의 고통스럽게 느껴진다"라고 지적하지만, 그것은 케인스에게 다소 불공평한 표현일지도 모른다. 케인스의 논변은, 비록 독창성이 없음에도 불구하고(이는 우리가 허시먼을 통해 알게 된 것이다), 그 자체로 확실히 흥미로운 것이며, 케인스가 그보다 앞선 시대의 연구 문헌을 몰랐을 가능성으로 말미암아 그가 수행한 연구의 타당성이 손상되는 것도 아니기 때문이다.

만약 이렇게 전제된 연관성이 작동한다면, 정념과 이해관계에 대한 논의는 인간의 선호가 '주어져' 있으며 경제적인 고려는 다른 행동 동기들과 구분된다는 것을 강조하는 일반균형이론 및 그와 연관된 구조들과는 전적으로 다른 방식으로, 자본주의를 실질적으로 정당화할 수 있을 것이다. 실제로 허시먼은 『시장 사회를 바라보는 서로 다른 관점들』*Rival Views of Market Society*에서 이 같은 사고방식을 훌륭하게 한층 더 밀고 나갔다. 물론 이윤 획득과 시장화의 확대를 촉진하는 것이 [권력의] 근본주의적 남용을 막고 유해한 정념을 억누르는 일반적인 방법(예컨대 경제적 자기 이익을 북돋우는 것으로 보스니아나 르완다 혹은 부룬디에서 벌어지는 문제들에 대한 즉각적 해법을 찾아낼 가능성이 희박한 것과 마찬가지로)이라고 말하기는 어렵겠지만, 특히 장기적인 시각으로 볼 때, 양자 사이에는 전적으로 기각할 수만은 없는 연관성이 존재할 가능성이 있다.

[이해관계와 정념 사이의] 경험적 연관성은 결코 단순하지 않으며, 상황에 분명히 좌우된다. 거래 장부를 끼고 무역과 상업적인 이익을 추구하는 행위는, 정글에서 사용하는 큰 칼이나 다른 무기들을 가지고 눈에 띄는 적을 열정적으로 추적하는 행위와 일반적으로 잘 어울리지 않아 보인다. 그러나 적당한 조건이 갖추어지면, 마피아 조직원은 돈벌이를 잔인한 폭력과 효과적으로 결합할 것이다. 경험적인 연관성은 분명히 복잡하며, 그것이 상황에 따라 좌우되는 조건부적 특성은 좀 더 면밀한 검토를 필요로 한다.

유일한 동기로서의 자기 이익

이 책이 현대적 논의와 연관되는 또 다른 지점을, 우리는 경제 이론에서 [경제 주체들의] 행동과 관련된 일반적 가정이 긴 수명을 갖지 못한다는 점에서 찾아볼 수 있을 것이다. 자본주의의 초창기 옹호자들에게 너무나도 설득력 있고 자연스럽게 여겨졌던 이론이 오늘날 우리의 생각과는 동떨어져 있을 뿐만 아니라 이상해 보이기까지 한다는 사실은, 오늘날의 이론가들이 설득력 있고 자연스럽게 생각하는 경제 주체들의 행동에 대한 가설에 대해서도 우리가 잠시 멈춰서 생각해 볼 수 있는 기회를 제공한다. 주류 경제학은 [개인은] 전력을 다해 자기 이익을 좇는다는 가정을 강력하게 사용하고 있다. 효율성에 관한 애로-드브뢰 정리Arrow-Debreu theorems나, 경쟁적 균형의 파레토최적을 비롯한 몇몇 구체적인 결과들은, 매우 제한된 몇 가지 형태들을 제외하면, (이타성을 비롯한) '외부 효과'의 철저한 배제에 기반해 있다. 설령 (예컨대 개리 베커Gary Becker의 합리적 배분 모델의 경우처럼) 이타성이 허용되는 경우에도, 이타적 행위가 각자의 이해관계를 증진하기 때문에 수행된다고 가정한다. 타인에 대한 동정심 덕분에, 이타적 행위자는 스스로의 행복을 증진하는 이익을 얻게 된다. 올바른 행동에 대한 헌신, 또는 사심 없는 목표에 대한 추구에는 그 어떤 역할도 주어지지 않는다. 그 결과 한편으로는 자본주의의 초기 이론가들이 이해관계들을 통해 맞서고자 했던 나쁜 정념들이 배제되고, 다른 한편으로는 칸트가 『실천이성비판』*The Critique of Practical Reason*에서 분석하고, 애덤 스미스가 『도덕감정론』에서 논의한 사회적 협력 social commitments[*]도 배제된다.

다른 곳에서 허시먼이 지적하고 있듯이, 그런 '간결한'[인색한] 이론들에 맞지 않는 증거들이 다수 존재하며, 우리의 사적인 이해관계들과 공적인 관심사 사이의 균형점은 일정한 모습으로 — 어쩌면 순환적으로 — 변화하기도 한다. 그의 『계속 변화하는 참여의 방식』 *Shifting Involvements*은 이와 같은 경제적·사회적 행동의 풍성함에 대한 분석을 개략적으로 보여 주는 책이다. 비록 허시먼의 다른 작업들과 결부되어 있긴 하지만, 이 지면은 이와 같은 묵직한 질문을 더 붙들고 있을 곳은 아닌 듯하다. 그러나 오늘날의 이론적 가정이 그런 것처럼 당시에 강력한 지지를 받았던, 자본주의의 행동적 기초와 관련한 초기 이론이 종말을 고했다는 사실은 (이 책에서 논의된) 주류의 지배적인 사고방식에 대한 전반적인 경각심을 갖게 한다.

문화의 기능

사실 오늘날의 주류 경제학 이론이 자기 이익의 추구라는 가정 주위에 막 고착화되고 있던 무렵, 현실 정치계와 실업계에서는 자본

• 칸트는 『실천이성비판』에서 그 어떤 부차적 이익에 대한 고려나 추구 없이 그저 옳기 때문에 하는 행위만을 선한 것으로 보았다. 한편 애덤 스미스는 『도덕감정론』에서 인간이란 근본적으로 교감하려 하며 교감을 통해 희열을 느끼는 성향이 있다는 상호 동감mutual sympathy의 원리를 제시한 바 있다. 전자는 이성을 통해, 후자는 본성으로 인해, 보상으로 주어지는 어떤 대가 없이 도덕적 선을 추구하게 된다. 아마르티아 센이 지적하다시피 이런 관점은 오늘날 경제 주체를 바라보는 주류적인 관점과 거리가 멀다.

주의 발전의 동기적 요소들에 대한, 문화와 관련된, 선언이 등장하고 있었다. 예컨대 동아시아에서는 '질서', '규율', '충성심' 등에 대한 존중(흔히 '아시아적 가치'라는 이름 아래에 포괄되는 요소들)이 자본주의의 성공을 촉진하는 데 커다란 기여를 했다는 주장이 제기되었다. 이같은 주장은 일본을 필두로, '아시아의 네 호랑이'를 거쳐, 아시아 지역에서 급속도로 성장하고 있는 국가들로 확대되었다. 최근 들어 아시아의 성공을 놓고 유교 윤리, 사무라이 문화 등 정서적인 요소들의 기여를 거론하는 모습을 보고 있노라면, 막스 베버의 '프로테스탄티즘의 윤리'는 한물간 운동선수가 지난 시절을 곱씹는 소리처럼 들릴 지경이다.

새로운 이론가들 가운데 일부는 질서의 필요성 때문에 권위주의적인 통치(그리고 아마도 인권의 유보)가 필요하다고 보았으며, 이와 같은 접근 방식은 허시먼이 이 책에서 논한 생각들과 극명한 대조를 이루며 비교의 대상이 된다. 예컨대 '전제정의 어리석음'에 대한 스튜어트의 분명한 비판은 오늘날의 논쟁을 위한 훌륭한 출발점을 제공한다. 허시먼의 논고는 유럽인들의 사고방식에 전적으로 초점을 맞추고 있지만, 그 주제는 바로 지금 새로운 자본주의의 중심임을 선언하고자 하는 곳에서도 시의적인 가치가 있다고 할 만하다.

개인적으로 나는 '아시아적 가치'의 기적을 격찬하는 이론들에 대해 대단히 회의적이다. 그런 이론들은 대체로 제대로 된 조사에 기반하지 않은 일반화에 기대고 있기 일쑤이며 (1993년 빈에서 열린 세계 인권 회의에서 극명하게 드러났듯이) 인권침해와 권위주의적 통치로 비난받는 정부의 대변인이 항변의 차원에서 꺼내 드는 소리인 경우가 대부분이다. 그러나 [경제적] 행동의 문화적 전조前兆라는 일반적 주제는, 허시먼이 탐구한 바 있듯, 유럽 지식인들의 지적 전통과도 밀접한 연관을 맺고 있는 것으로, 이런 사정으로 말미암아 ('아시아적 가치'에 대한 거친 주장들에는 적절한 근거가 없음이 밝혀진 뒤에도) 진지한 연구 분야로 자리매김하고 말았다. '유럽식 계몽주의'의 본성과 범위, 그리고 인류를 위해 그것을 일반화해야 한다는 요구 — 이는 허시먼의 또 다른 연구 주제이다 — 역시 오늘날의 논의와 직접 연관되어 있다. 이는 수많은 비경제학자들 — 역사학자, 문학 연구자, 인류학자, 사회학자, 심리학자 등 — 이 관심을 가질 만한 풍성한 영역이다.

대체로 경제학자들은 자기들끼리 읽는 글을 쓰지만, 뛰어난 매력을 지닌 허시먼의 저작은 분과 학문의 경계를 뛰어넘을 수 있었다. 그의 수많은 다른 저술과 마찬가지로, 이 작업 또한 폭넓은 분야에 걸친 관심사를 소재로 삼고 있으며, 그것이 논쟁을 피하지 않고 명료하게 글을 쓰는 허시먼의 스타일과 맞물려, 이 책은 매우 넓은 독자층에게 매력적인 저작이 되었다. 가령 자본주의가 "'완전한[풍부한] 인격'full personality의 개발을 저해한다"는 주장에 대해 언급하면서, (이 책에서 탐구하는 저자들의 주장에 따르면) 그것이야말로 "자본주의가 달성할 것으로 원래부터 간주되어 있던 것"일 소지가 다분하다고 지적할 때, 허시먼은 경제학뿐만 아니라 다양한 전공 분야의 전반적인 관심사에 대한 분석을 제시하고 있는 셈이다.

의도되지 않은 현실화, 현실화되지 않은 의도

이 책의 기본적인 주제 역시, 자기 인식에 대한 일반적인 관심과 관련되어 있다. 말하자면 우리는 정확히 어떻게 지금의 우리가 된 것인가? 우리가 이 책에서 얻을 수 있는 설명은 개인적인 자기 발견, 다시 말해 어린 시절 열차 기관사가 아니라 다른 사람이 되기로. 결정한 누군가가, 잊어버린 어린 시절의 기억을 떠올리면서, 자신이 실제로 도달한 결과와 그 기억 사이에 느슨한 연관이 있음을 깨닫는 모습에 비견할 만하다. 이 책이 상기해 낸 생각들은 (양성인benign 자기 이익의 힘에 호소하면서) 자본주의라는 새롭게 발전하고 있던 체계를 정당화하는 데 상당한 영향을 끼쳤으며, 설령 이후의 사태가 예측대로 진행되지는 않았더라도, 그 일들에 영향을 미쳤다. 이것은 그와 같은 생각들을 통해 상상한 세계가 지금 우리가 살고 있는 실제 세계를 만드는 데 일조했다는 핵심적인 진실을 말해 준다.

이 책에서 특별히 다루고 있는 특정 주제 외에도, 이 책에는 실제로 실현되지는 못했지만, 강력하고도 거대한 변화를 뒷받침하고 유지하는 역할을 했던 기대들 사이의 관계에 대한 좀 더 일반적인 관심이 있다. 애덤 스미스와 카를 멩거는 '의도하지 않았지만 실현된 효과'unintended but realized effects에 관심을 가졌고, 하이에크는 그것에 집착하기까지 했지만, 그와 대조적으로 허시먼은 '의도했지만 실현되지 않은 효과'intended but unrealized effects의 힘과 영향을 보여 주고 있다. 후자는 전자에 비해 덜 관찰되지만(왜냐하면 실현되지 않은 효과를 관찰할 수는 없으므로), 그렇게 실현되지 않은 기대의 영향력은 오늘날에도 강력하게 살아남아 있다.

나는 허시먼의 생각이 스미스와 멩거, 그리고 하이에크의 생각보다 훨씬 흥미로울 수 있다고 주장하고 싶다. 상호 의존적인 세계에서 의도하지 않은 우리의 행동 가운데 일부의 효과는 대단히 가시화될 수도 있고 그렇지 않을 수도 있다. 우리의 행위들은 서로 다른 수많은 효과를 일으키는 경향이 있지만, 우리는 오직 그중 일부만을 고려할 수 있을 뿐이다. 사소한 예를 들어 보자. 내가 신문을 사러 집 밖으로 나갈 때, 나는 나를 모르는 사람들의 눈에 띈다. 그러나 모르는 사람들에게 내 모습을 보여 주는 것은 내가 외출을 하는 이유가 아니다(나는 그저 신문을 사고 싶을 뿐이다). 그것은 의도하지 않았지만 실현된 효과인 것이다. '행위의 의도치 않은 효과'에 대해 소란스럽게 떠드는 것은 많은 경우 다소 작위적일 수도 있다.

이와는 대조적으로, 의도된 효과는 어떤 행위가 수행되었을 때 — 그런 의도를 구현하기 위한 목적이 있다면 특히 — 명백히 중요하다. 그러므로 그렇게 의도된 효과를 실현하는 일에 실패하는 것은 본래 희망한 바로부터 진정 멀어지는 것을 뜻하며, 훨씬 더 흥미로운 일이 된다. 허시먼이 대조해 놓은 분석이 비록 '의도치 않은 효과'의 변주 가운데 하나로 보일지라도, 실상 거기에는 그 자체만의 흥미로운 요소가 있으며, 그것은 어쩌면 스미스, 멩거, 하이에크, 그 외의 경제학자들이 유명하게 만들어 버린 근거 없는 수수께끼보다 더욱 특이하고 매력적일지도 모른다.

맺음말

이 서문에서 나는, 이 책이 허시먼이 남겨 놓은 주요한 지적 성취일 뿐만 아니라, 그의 저작들 가운데 최고의 저작이라는 것을 몇 가지 이유를 통해 설명하고자 했다. 이 책의 관심사는 역사적인 동시에 현재적이고, 경제학 또는 경제사학자뿐만 아니라 수많은 이들을 독자로 아우른다. 이 책이 궁극적으로 평가받을 만한 가장 높은 기준은 허시먼이 자신의 작업에서 이룩한 놀라운 업적을 통해 형성되어 있다. 이 책은 그 기준에 부합한다.

아마르티아 센
1996년 6월

20주년 기념판 서문

내가 쓴 책 가운데 『정념과 이해관계』는 특별한 위치를 차지하고 있다. 사회과학 분야의 수많은 저자들이 그러하듯이, 또한 내가 얼마 전에 예상보다 길어진 한 인터뷰에서 실토했듯이, 나는 대체로 누군가가 잘못되었다는 것을 입증하기 위해 책을 썼다. 『경제발전의 전략』은 다양한 균형성장론을 반박하는 데 상당한 분량을 할애한다. 마찬가지로 『떠날 것인가, 남을 것인가』는, 경제조직[예컨대 어떤 상품을 생산하는 기업]의 해악에 맞설 수 있는 유일하고도 확실한 해법으로 경쟁(떠나는 것)을 제시하는 공리에 맞서, 이에 대항할 수 있는 논리*를 발견해 내는 기쁨에 크게 기대고 있다. 그러나 『정념과 이해

---

* 기업이 내부 비효율이나 시장의 독점 혹은 과점 탓에 소비자와 사회에 부정적 영향을 미칠 때, 기업에 항의하는 목소리를 내고 시정을 요구하는 것 voice을 기존 경제 담론에서 유의미한 선택지로 취급하지 않았다는 뜻이다.

관계』에서는 이와 매우 다르다. 이 책은 특정 인물이나, 어떤 지적 전통에 반대하기 위해 쓴 책이 아니다. 현존하는 사고 체계를 옹호하거나 반대하지 않음으로써, 이 책은 독자적으로 존재하면서, 자유롭게 진화해 가는 특별한 가치를 지니게 되었다.

나는 최근 저작에서 내 후기 저작들에 나타나는 공통적인 특징인 '자기 전복적 성향'을 주목해 달라고 당부한 바 있다. 여기서는 (다른 그 누구도 아닌) 나 자신이 잘못된, 또는 적어도 내가 불완전한 생각을 해왔음을 보여 주는 경향이 내게 있다고 말해 두고 싶다. 예를 들어, 나는 산업화의 동역학은 다양한 연쇄효과를 거쳐 지속적으로 앞으로 전개되어 나아간다고 『경제발전의 전략』에서 설명한 바 있는데, 훗날 나는 여기에 덧붙여 신흥 경제 발전국들의 경제 발전에 모순되고, 실패를 불러일으키며, 그것이 '벽에 가로막히도록 하는' 현상들을 설명하고자 했다. 마찬가지로 『떠날 것인가, 남을 것인가』에서 나는 원래 떠날 수 있는 능력으로 말미암아, 열정적으로 항의하는 목소리가 줄어드는 현상에 주목하고자 했다. 그러나 그 뒤 나는 1989년에 벌어진 일련의 사건들이 한 기구, 즉 독일민주공화국을 무너뜨린 중요한 역사적 상황 속에서, 이탈과 항의가 함께 결합해 작동했다는 점에 매료되고 말았다.

그러나 거듭 말하자면 이 같은 자기 전복적 성향은 내가 『정념과 이해관계』에서 제시한 논제들을 검토하는 과정에서는 그리 명백하게 도드라지지 않았다. 나는 외려 두 편의 기고문, 즉 「이해관계 개념: 완곡어법에서 동어반복으로」The Concept of Interest: From Euphemism to Tautology와, 마르크 블로크 강의록이기도 했던 「시장 사회를 바라보는 서로 다른 관점들」[1]의 일부분을 통해, 이 책의 기본 논점을 다시 밝히고 부연했다. 두 글 모두 이 책의 기본적인 발상을 더욱 자세히 묘사하면서 그 개념을 19세기와 20세기까지 확장하고 있다.

내가 기본적인 주제를 집요하게 추적해 왔음을 놓고 볼 때, 그와 같은 문제의식의 근원에 대해 언급해 둘 만하다. 여러 해 전, 몽테스키외의 『법의 정신』*L'Esprit des lois*에서, 결국 이 책의 발문이 된 다음 문장을 읽고 엄청난 충격에 사로잡혔던 순간을 나는 생생하게 기억한다. "청념이 사람들에게 악인이 될 생각을 불어넣는데도, 그렇게 되지 않는 것이 이익인 상황에 있다는 것은 사람들에게 다행스러운 일이다." 몇 해가 지난 뒤 나는 제임스 스튜어트 경의 『정치경제학 원리 연구』*An Inquiry into the Principles of Political Economy*에서 그 문장과 밀접하게 관련이 있으면서 더욱 '제도적'인 서술을 접하게 되었는데, 그 서술에 따르면 "근대 경제의 복잡한 체계(즉 이해관계들)는" 필연적으로 "전제정의 어리석음에 맞서 고안된 가장 효과적인 굴레"였다. 이것은 프랑스와 스코틀랜드의 계몽주의가 수렴하는 주목할 만한 사례라 할 수 있는데, 그리하여 나는 경제와 정치의 연관성에 대한 그들의 생각을 그 소굴lair까지 추적해 보기로 결심했다. 그것은 복잡하고 에둘러 가는 이야기인 것으로 판명되었다. 그 이야기의 풍성하고도 충만한 역설적 성격은, 내가 '나의' 진리를 포착해 냈다고 확신하게 했고, 그리하여 이 책을 개정해야겠다는 생각을 전혀 하지 않게 되었다.

앨버트 O. 허시먼

1996년 4월

감사의 글

나는 이 책의 초고를, 1972년에서 1973년 사이, 내가 하버드 대학에서 안식년을 받아 [프린스턴 대학] 고등연구소Institute for Advanced Study 방문 연구원으로 재직할 때 작성했다. 초고를 잠시 한쪽에 치워 둬야만 했던 이듬해에 나는 고등연구소에 종신직으로 초빙되었고 그 제안을 수락했다. 그 뒤 1974~75년에 상당히 많은 양의 원고를 다시 쓰고 추가했으며, 1975~76년에는 상당히 제한된 분량만이 추가되었다. 내 논지를 확장하고, 보강하며, 한정하고, 틀며, 치장할 여지가 충분히 있다는 것을 나는 잘 알고 있었지만, 올해 3월에 나는 이 책이 공개할 만한 수준에 도달했다고 생각했고, 나의 창조물을, 그 오류까지 포함해 전부, 대중에게 공개하고 싶은 생각이 간절했다. 좀 더 신중을 기하는 편이 어떻겠느냐고 조언하는 내게, 더 많은 연구원들을 고용할 예산이 없다며, 충동적인 결정을 내리던 1950년대 콜롬비아 재무부 장관에 대한 기억이 문득 떠올랐다. 그는 "만약 이

26

결정으로 말미암아 실제로 상처받을 사람들이 있다면, 결정이 내려진 다음 그들이 나 대신 연구를 할 테고, 그 연구가 설득력이 있다면 전 다른 결정을 내리면 되지요!"라고 말했던 것이다. 내가 이 책을 내놓는 심정이 바로 그런 것인데, 나는 상처받은 집단이나 비평가들을 위해 그들이 동의할 만한 또 다른 책을 써주겠다고 약속할 수 없다는 점이 다르다고 하겠다. 그들이 그런 것을 원할지는 의문이지만 말이다.

이 책의 잠재적 비평가를 꼽아 보자면, 나는 특히 나 자신의 논의 주제와 밀접한 연관을 맺고 있는 논점을 반복해 다룬 『마키아벨리언 모멘트』 *The Machiavellian Moment*(Princeton University Press, 1975)의 저자, 존 그레빌 애거드 포콕에게 특별히 양해를 구해야겠다. 나중에 포콕 교수의 기념비적 저작에 포함된 여러 논문들로부터 내가 큰 도움을 받은 것은 사실이지만, 이 책의 핵심적인 논지는 내가 그의 저작을 읽어 볼 기회를 얻기 전에 형성되었다. 따라서 나의 작업은 그의 관점을 바람직한 수준에 이르도록 완전히 반영하고 있지 못하다.

이 결과물에 대한 책임은 전적으로 내게 있지만, 수많은 이들이 조언과 격려를 통해 도움을 주었다. 고등연구소의 사회과학자들 및 역사가들과 이런저런 생각과 정보를 교환한 것은 무척 유용한 일이었다. 특히 1972~73년에 데이비드 비엔, 피에르 부르디외와 나눈 대화, 1974~75년에 퀜틴 스키너 및 도널드 원치와 나눈 이야기는 내게 큰 도움이 되었다. 주디스 슈클라와 마이클 왈저가 1973년 내 첫 번째 초고를 보고 돌려준 반응은 대단히 중요한 의미를 지닌다.

주디스 텐들러는 여느 때와 다름없는 통찰력으로 이번 초고를 매우 상세히 비평해 주었다. 마지막으로, 프린스턴 대학 출판부의 샌퍼드 대처는 놀라울 만큼 능숙하고 신속하며 활기차게 초고를 편집하고 정리해 주었다.

뉴저지주, 프린스턴

1976년 5월

들어가는 말

이 글의 출발점은 오늘날의 사회과학이 경제성장의 정치적 결과를 조명하는 데 무능력하다는 점에, 더욱이 자본주의적 관리 아래에서건, 사회주의적 관리 아래에서건, 혼합된 관리 아래에서건, 경제성장과 정치 사이에서 너무나도 자주 나타나는 비극적 상관관계에 있다. 경제성장과 정치의 연관성에 대한 이론은 경제 확장의 초창기, 특히 17세기와 18세기에 만개했다고 나는 추측하고 있다. 경제학과 정치학이라는 '분과 학문'이 아직 존재하지 않던 시기였기에, 넘어야 할 학문 분과 간 경계도 없었다. 그 결과 철학자들과 정치경제학자들은 자유롭게 분과를 넘나들며 주저 없이 평화를 위한 상업의 확장이나 자유를 위한 산업의 발전이 가져올 것으로 예상되는 결과에 대해 거리낌 없이 추측해 볼 수 있었다. 그들의 사유와 예측을 되짚어 보는 것은, 전문화로 유발된 이 분야에 대한 우리 자신의 지적 빈곤 때문에, 가치 있는 일이 될 것이다.

이것이 이 글을 쓰게 된 애초의 동기로, 나는 이런 생각에서 17~18세기 사회사상이라는 체계 속에 용기를 내어 발을 들여놓았다. 이 사상 체계의 풍요로움과 복잡함을 놓고 볼 때, 내가 찾아보고자 했던 것보다 더 넓고 훨씬 더 야심 찬 무언가와 내가 맞닥뜨렸다는 것은 결코 놀라운 일이 아니다. 사실 내가 처음에 가졌던 질문에 대한 답은, 흥미로운 부산물로서, 자본주의의 '정신' 및 그것의 발흥을 해석하는 새로운 접근법을 낳았다. 여기서는 이 같은 접근법을 개략적으로 소개하되, 더욱 상세한 설명은 이 연구의 마지막 부분으로 미뤄 두는 것이 유용해 보인다.

방대한 양의 문헌들이, 중세와 르네상스 시대의 귀족적이고 영웅적인 이상형을 후대의 부르주아적 심성mentality 및 프로테스탄트 윤리와 대조해 왔다. 하나의 윤리가 쇠퇴하고, 또 다른 윤리가 부상하는 것에 대한 철저한 조사가 진행되었으며, 이를 바로 다음과 같이 설명해 왔다. 즉 서로 구별되는 두 개의 역사적 과정이 있고, 그 각각은 서로 다른 사회적 계급을 주인공으로 삼았는데, 한편으로는 몰락하는 귀족과 다른 한편으로는 부상하는 부르주아가 바로 그 각각의 주인공이다. 이를 젊은 도전자가 늙은 챔피언에게 도전장을 내미는 역사극으로 제시하는 것이 역사가들에게 매력적으로 느껴졌음은 물론이다. 그런데 이런 관점은 사회에 대한 과학적 지식, 그리고 이른바 사회의 운동 법칙을 찾아 헤매던 이들에게도 마찬가지로, 또는 더욱, 매력적으로 느껴지는 것이었다. 마르크스주의적 분석과 베버주의적 분석은 경제적 요인과 비경제적 요인의 상대적 중요성에 대해 의견이 달랐지만, 양자 모두 자본주의와 그 '정신'의 발흥을 기존의 관념 체계 및 사회경제적 관계에 대한 공격으로 보았다.

최근 일군의 역사가들은 프랑스혁명의 계급적 성격에 대해 이의를 제기했다. 사상사를 논하는 이 자리에서, 내가 그 정도의 우상파괴자 행세를 할 생각은 없다. 그러나 그 역사가들과 같은 맥락에서, 나는 새로운 것이 사람들이 일반적으로 이해하는 것 이상으로 낡은 것으로부터 생겨나고 있다는 점에 대한 몇 가지 증거를 제시할 것이다. 장기간에 걸친 이데올로기적 변화나 전환을 내생적인 과정으로 묘사하는 것은, 그것을 기존에 지배적이었던 윤리의 몰락과 동시에 독자적으로 잉태된, 저항적 이데올로기의 발흥으로 파악하는 방식보다 당연히 복잡하다. 이런 종류의 묘사는 서로 연결된 일련의 사상과 명제를 규명하는 일과 관련되어 있는데, 그런 연쇄의 최종 결과는 그 개별적 연결 고리의 지지자들, 적어도 초기 단계에서 그 연결 고리를 담당하는 사람들에게는 보이지 않는 것일 수밖에 없다. 왜냐하면 자신이 지지한 생각이 궁극적으로 향한 곳이 어디인지를 알 수 있다면 몸서리치며 자신의 생각을 바로잡았을 것이기 때문이다.

서로 연결된 사상들의 이 같은 연쇄를 재구성하는 이는 수많은 사료들로부터 증거를 뽑아내야 하며, 그런 증거들을 품고 있는 사고 체계에 대해서도 희박하게나마 관심을 기울일 수 있어야 한다. 이 책의 제1부는 실로 이런 절차에 따라 진행되었다. 제2부에서는 사상들의 연쇄의 주요 논점에 초점을 맞춘다. 몽테스키외, 제임스 스튜어트 경 같은 저자들이 이런 논점을 최대한 전개한 사람들인데, 이들에 대해 좀 더 많은 지면을 할애해, 이 책의 목적을 위해 강조된 구체적인 명제들이 그들의 전체적인 사고방식과 어떻게 관련되는지 이해하고자 노력했다. 제3부에서는 여기서 제시된 지성사적 사건이 갖는 역사적 의미를 언급하면서, 우리가 현재 겪고 있는 몇몇 곤란한 상황과의 상관성을 짚어 볼 것이다.

HIRSCHMAN

제1부

이해관계는
어떻게
정념의 맞상대로
불려 나오게
되었나

영광 개념과 그것의 몰락

자신의 유명한 에세이의 주요 부분을 시작하며, 막스 베버는 다음과 같은 질문을 던졌다. "그렇다면 기껏해야 도덕적으로 관용된 이런 행동[태도 -옮긴이]에서 어떻게 벤저민 프랭클린의 의미에서의 '소명'이 형성되었던 것일까?"[1] 달리 말해, 몇 세기 전까지만 해도 탐욕, 금전욕, 과욕 등으로 비난받거나 경멸받았던 상업, 은행업 그리고 이와 유사한 종류의 영리 추구 활동이 어떻게 근대의 특정 시점에 이르러 명예로운 활동이 될 수 있었는가?

『프로테스탄티즘의 윤리와 자본주의 정신』에 대해 쏟아진 엄청난 양의 비판적 문헌들은, 베버의 탐구가 출발하고 있는 바로 이 지점에서부터 오류를 찾아냈다. '자본주의 정신'이라고 단언되었던 것은, 14세기 또는 15세기로 거슬러 올라가 보더라도 상인들 사이에서 현존하고 있었고, 일정한 범주의 영리 추구 활동에 대한 긍정적인 태도 역시 스콜라철학자들의 저작에서 발견되었다.[2]

그럼에도 베버의 질문은, 그것이 비교의 맥락에서 제기된 것이라면, 정당화된다. 상업과 기타 돈벌이의 형식들이 어느 정도까지 승인되었건, 그것들은 중세적인 가치척도에서 다른 몇몇 활동들, 특히 영광에 대한 갈망보다 분명히 낮은 위치에 있었다. 중세와 르네상스 시대의 영광 개념을 간략하게 그려 봄으로써, 나는 '자본주의 정신'의 출현을 경이롭게 바라보던 [당시의] 시선을 되새겨 보고자 한다.

그리스도교 시대가 시작될 무렵, 성 아우구스티누스는 돈과 소유에 대한 욕망을 지배욕libido dominandi 및 성욕과 더불어 타락한 인간의 세 가지 주된 죄악으로 선포함으로써 중세적 사고의 기준선을 제시했다.[3] 전체적으로 보아, 아우구스티누스는 이런 세 가지 인간적 충동 또는 정념을 매우 공평하게 비난하는 입장이었다. 그나마 정상 참작의 여지를 인정한다면, 그것은 칭찬 및 영광에 대한 강한 욕망과 결합된 지배욕에만 해당되었다. 이와 같이 아우구스티누스는 초기 로마인들의 특징인 "시민적 덕"에 대해 말하며, 그들은 "자신들의 지상의 조국에 대해 바빌론 사람들 같은 사랑"을 보여 주었으며, "부에 대한 갈망을 비롯한 수많은 악덕을 하나의 악덕, 말하자면 칭찬에 대한 사랑으로 억눌렀다"라고 이야기했다.[4]

이 글의 후반부 논의를 염두에 둘 때, 성 아우구스티누스가 여기서 하나의 악덕으로 다른 악덕을 견제할 수 있는 가능성을 염두에 두고 있었다는 것은 상당히 흥미로운 일이다. 어쨌든 영광의 추구에 대한 아우구스티누스의 제한적 승인은 기사도, 즉 명예와 영광을 찾아 헤매는 것을 인간[남성]의 덕성과 위대함의 시금석으로 삼는 귀족적 이상의 대변인들에 의해, 그의 가르침을 훨씬 뛰어넘는 형태로 확대되었다. 아우구스티누스가 최대한 조심스럽게 그리고 마지못해 표현했던 것이, 훗날 의기양양하게 울려 퍼지게 된 것이다. 순전히 사적인 부의 추구와 견주어 볼 때, 영광에 대한 사랑은 '보상할 만한[고려할 만한] 사회적 가치'를 가질 수 있다. 사실 사적인 정념을 추구하는 사람이 자신도 모르게 공적인 선을 추구하도록 하는 힘인 '보이지 않는 손'이라는 관념은, 몽테스키외에 따르면, 돈에 대한 욕망이 아니라 영광의 추구와 관련해 정식화된 것이다. 몽테스키외에 따르면, 군주제에서 명예를 추구하는 것은 "정치체의 모든 부분에 생기를 불어넣"으며, 그 결과 "모든 사람이 자신의 개별적인 이익을 지향하고 있다고 믿으면서 공동선을 향하게 된다".[5]

그와 같은 세련된 정당화가 있든 없든, 명예와 영광의 추구는 중세 시대의 기사도적 에토스를 통해 한껏 칭송되었다. 그것이 비록 성 아우구스티누스뿐만 아니라 성 토마스 아퀴나스와 단테에 이르기까지 영광에 대한 추구를 덧없고vain(inanis) 죄를 짓는 것이라고 공격했던 종교적인 저술가들의 주요 가르침에 부합하지 않았지만 말이다.[6] 그 뒤, 르네상스 시기 동안, 교회의 영향력이 줄어들고 귀족주의적 이상을 옹호하는 자들이 영광의 추구를 찬양했던 숱한 그리스와 로마 문헌들을 이용할 수 있게 됨에 따라, 명예를 위한 투쟁이 지배적인 이데올로기의 위상을 차지하게 되었다.[7] 이처럼 강력한 지적 흐름은 17세기까지 이어졌다. 곧 아마도 우리는 피에르 코르네유*의 비극들에서, 삶을 정당화하는 유일한 기제로 영광의 추구를 바라보는 가장 순수한 관점을 찾아볼 수 있을 것이다. 동시에 코르네유의 정식화들은 너무도 극단적이어서, 그의 몇몇 동시대인들이 무대에 올리곤 했던 귀족적 이상이 극적으로 몰락하는 데 영향을 미쳤을지도 모른다.[8]

여러 유럽 국가들의 작가들이 이 같은 "영웅의 파괴"[9]에 협력했는데, 영웅적 이상을 숭배하는 데서 아마도 가장 멀리까지 나갔던 프랑스 출신 작가들이 그들 가운데서도 핵심적인 역할을 수행했다. 모든 영웅적 덕성이 홉스에게는 단순한 자기 보전의 형식으로, 라로슈푸코에게는 자기애의 형식으로, 파스칼에게는 허영심 및 자기 자신에 대한 참된 앎으로부터의 광적인 도피로 보였다. 영웅적인 정념은 세르반테스에 의해 미친 것까지는 아니지만 어리석은 것으로 비난받은 뒤, 라신에 의해 품위 없는 것으로 묘사되었다.

도덕적이고 이데올로기적인 풍경의 이 같은 경이로운 전환은 너무나 갑자기 일어났으며, 그 역사적이고 심리적인 이유는 아직까지도 완전히 이해되지 않고 있다. 여기서 중요하게 다루어져야 할 점은, 파괴에 책임이 있는 사람들이, 새로운 계급의 필요나 이해관계들

• 피에르 코르네유(1606~84). 프랑스의 극작가. 라신과 더불어 프랑스 고전극의 쌍벽으로 불린다. 라신이 현실의 인간을 그린 데 반해, 그는 이상적인 영웅상을 많이 다루면서 의지의 힘을 찬미했다.

에 부합했을지도 모를 새로운 도덕률을 제안하기 위해 전통적인 가치를 평가절하 하지는 않았다는 것이다. 영웅주의적 이상에 대한 비난은 그 어디에서도 새로운 부르주아적 에토스에 대한 옹호와 결부되지 않았다. 이는 파스칼이나 라로슈푸코에 대해서는 분명할 뿐만 아니라, 일부 상반된 해석이 있기는 하지만, 홉스에 대해서도 그렇다고 말할 수 있다.[10] 오랫동안 몰리에르의 희곡이 부르주아적인 미덕을 찬양하는 메시지를 담고 있다고 여겨져 왔지만, 다시 한번 말하건대 그런 해석은 지지받기 어려워보인다.[11]

그러므로 그 자체만 놓고 보면, 영웅적 이상의 파괴는 아우구스티누스가 (갈망 자체의 적절성은 논외로 한 채) 돈에 대한 사랑이나 권력과 영광에 대한 갈망에 부여하고자 했던 불명예의 평등만을 복원했을 따름이다. 그렇기 때문에 사실상, 이후 한 세기도 채 지나지 않아, 상업 행위, 은행업, 그리고 결국에는 산업 활동과 같은, 획득 충동 및 그와 결부된 활동들은 다양한 이유에서 폭넓게 환대받았다. 그러나 이 거대한 변화는 하나의 완전무장 한 이데올로기가 다른 이데올로기에 대해 거둔 단순한 승리의 결과로 생겨난 것이 아니었다. 실제 이야기는 훨씬 복잡했고, 에둘러 갔다.

'있는 그대로의' 인간

이 이야기는 르네상스에서 시작하지만, 새로운 윤리, 곧 개인을 위한 새로운 행동 규칙의 발전 과정을 통해 전개되지는 않는다. 오히려 이 글에서는 현존하는 질서 내에서 국가 통치술을 향상하고자 시도했던, 국가 이론의 새로운 전환을 통해 그것을 추적할 것이다. 이 같은 출발점에 대한 강조는 내가 하려는 이야기의 내생적 편향[고유한 시각]에서 비롯된다.

군주에게 어떻게 권력을 획득하고, 유지하고, 확장할 수 있는지를 가르치는 과정에서, 마키아벨리는 "사물에 [실체적 영향을 미치는 - 옮긴이] 실효적 진실"과 "아무도 본 적이 없거나 실제 존재했던 것으로 알려지지도 않은 공화국"[12] 사이의 근본적이면서도 유명한 구분을 제시했다. 이런 구분은 그때까지 도덕철학자와 정치철학자들이 후자만을 집중적으로 논의함으로써 군주가 행동을 취해야 할 현실 세계에 대한 지침을 제시하지 못했음을 함의했다. 과학적이고 실증적인 접근법에 대한 이 같은 요구는 훗날에 이르러서야 군주에서 개인으로, 국가의 본질에서 인간의 본질로 확장되었다. 어쩌면 마키아벨리는 현실주의적인 국가 이론은 인간 본성에 대한 지식을 필요로 한다는 점을 감지했을지도 모르지만, 그 주제[인간 본성]에 대한 그의 언급들은 예외 없이 예리함에도 불구하고 단편적이며 체계화되어 있지 않다. 주목할 만한 변화는 다음 세기에 일어났다. 수학과 천체역학의 발전은, 낙하하는 물체와 행성의 운동 법칙을 발견했듯, 인간 행동의 법칙 역시 발견할 수 있으리라는 희망을 갖게 했다. 그래서 갈릴레이의 이론에 기반해 자신의 인간 본성론을 전개한 홉스[13]는 국가commonwealth에 대한 논의에 앞서, 『리바이어던』 제1부의 열 장을 인간의 본성에 할애했다. 그러나 과거의 유토피아적 사상가들에 대한 마키아벨리의 공격을, 이번에는 개별적인 인간 행위와의 관계 속에서, 유달리 날카롭고 열정적으로 반복한 사람은 스피노자였다.[a] 『정치론』*Tractatus politicus* 첫 문단에서 스피노자는 "인간을 있는 대로 파악하지 않고 있기를 바라는 대로 파악하는"* 철학자들을 공격한다. 실증적인 사고와 규범적인 사고의 이 같은 구분은 『윤리학』에 다시 한번 등장하는데, 이 책에서 스피노자는 "인간의 정서[감정 -옮긴이]와 행동을 경멸하고 혐오하는 쪽을 택하는" 자들에게 반대하면서, 잘 알려진 것처럼 "인간의 행위와 욕망[충동 -옮긴이]을 선, 평면, 입체를 다루듯이 취급하는" 자신의 과업에 돌입한다.[14]

저 '있는 그대로의' 인간이 오늘날 정치학이라고 부르는 학문의 적합한 주제라는 점이 18세기 내내, 때로는 거의 일상적으로, 주장

---

a 레오 스트라우스는 "마키아벨리의 것보다 스피노자의 어조가 훨씬 날카롭다는 것은 충격적인 사실"이라고 적었다. Leo Strauss, *Spinoza's Critique of Religion* (New York: Schocken, 1965), p. 277. 정치학자였던 마키아벨리에 비해, 본질적으로 철학자였던 스피노자는 개인적으로 유토피아적인 사고와 더욱 밀접하게 연결되어 있었기 때문일 것으로 스트라우스는 추론한다.

* 『정치론』, 공진성 옮김, 도서출판 길, 2020, 47쪽.

되었다. 스피노자를 읽었던 비코는 다른 점에서는 몰라도 이 점에서 만큼은 스피노자를 충실히 계승했다. 『새로운 학문』에서 비코는 이렇게 말한다.

> 철학은 인간이 어떻게 되어야 하는지만을 고려함으로써 오로지 극소수의 사람들에게만 혜택을 베풀었다. 즉 로물루스의 쓰레기더미* 속으로 빠지지 않고 플라톤의 공화국 속에 살기를 원하는 사람들에게만 도움이 되었을 뿐이다.[15]

인간을 보는 시각이 마키아벨리나 홉스로부터 한참 벗어나 있는 루소마저도, 『사회계약론』*Contrat social*을 다음과 같은 문장으로 시작하면서 '있는 그대로의 인간'이라는 발상에 경의를 표하고 있다. "나는 인간은 있는 그대로 두고 법은 바꿀 수 있는 것으로 생각하면서, 정치 질서에 정당하고 확실한 운영 원칙이 있을 수 있는지 따져 보고자 한다."**

---

* 키케로가 마르쿠스 포르치우스 카토Marcus Porcius Cato, 일명 '대 카토'에게 보낸 편지에서 유래한 표현. 전쟁·정쟁·혼란으로 가득 찬 당시의 로마를 빗댄 말이다.
** 『사회계약론』, 김영욱 옮김, 후마니타스, 2018, 10쪽.

정념을 억누르고 제어하기

인간을 '있는 그대로' 바라보자는 강력한 주장에 대해서는 간단히 설명할 수 있다. 도덕적인 철학과 종교 계율에 인간의 파괴적인 정념을 제어하는 역할을 더는 맡길 수 없다는 생각이 르네상스기에 나타나 17세기에 이르러 확고해졌다. 새로운 방법이 모색되어야 했는데, 그런 모색은 인간 본성에 대한 세밀하고도 적나라한 해부와 함께 상당히 논리적으로 시작되었다. 라로슈푸코처럼 인간 본성의 후미진 곳을 파고들어 그곳에서 마주한 "야만적[황량한 ―옮긴이] 발견물들"을 공공연히 외쳐 댄 나머지, 인간 본성의 해부 자체를 목적과 거의 같은 것으로 본 사람도 있었다. 그러나 전반적으로 볼 때 그와 같은 탐구는, 도덕적 충고나 지옥의 위협보다 효과적으로 인간 행위의 패턴을 만들어 내는 방법을 발견하기 위한 목적에서 수행되었다. 그리고 그와 같은 방법의 탐구는, 당연한 일이지만, 성공적이었다. 실제로 종교적 명령[계율]에 의지하는 것에 대한 대안으로 제시된 논변은 적어도 세 가지로 구별될 수 있다.

가장 분명한 대안은, 사실 여기서 검토하고 있는 생각들보다 앞선 것으로, 강제력과 억압에 호소하는 것이었다. 정념이 최악의 방식으로 발현manifestation되고 가장 위험한 결과를 낳는 것을, 필요하다면 강제로라도 막는 과업이 국가에 맡겨졌다. 이것이 성 아우구스티누스의 생각이었는데, 이는 16세기에 칼뱅에 의해 다시 한번 반복되었다.[16] 확립된 사회적·정치적 질서는 그 어떤 것이라 하더라도 현존한다는 사실에 의해 정당화되었다. 그와 같은 질서로부터 발생할 수 있는 부정의[불의]injustice는 타락한 인간에게서 비롯된 죄에 대한 정당한 응보인 것이었다.

성 아우구스티누스와 칼뱅의 정치 체계는 몇몇 측면들에서 『리바이어던』이 옹호하고 있는 것들과 밀접한 관계에 있는 것처럼 보인다. 그러나 홉스의 핵심적 발명은 사회계약을 거래로 보는 독특한 관점이었고, 이는 보다 앞선 권위주의적 체계의 정신과는 사뭇 동떨어진 것이다. 분류하기 극히 까다롭기로 악명 높은 홉스의 사상은 다른 항목에서 논의하도록 하자.

다루기 힘든 인간의 정념에 대한 인식으로 말미암아 발생한 문제를 억압적인 방법으로 해결하려는 시도에는 커다란 문제가 있다. 극단적인 너그러움이나 잔인함 등과 같은 다양한 결함으로 말미암아 군주가 자신의 업무를 제대로 수행하지 못할 경우 어떻게 될 것인가? 일단 이렇게 질문하고 나면, 적절히 억압적인 군주[주권] 또는 권위가 확립될 것이라는 전망은, 결국 도덕철학자나 종교인의 충고에 따라 인간이 자신의 정념을 제한할 것이라는 전망과 그 개연성이 비슷해 보인다. 후자의 가능성이 전무한 것으로 평가된다면, 억압을 통한 통제라는 해법은 그 해법의 전제와 모순되는 것으로 드러난다. 정념의 결과로 사람들이 서로에게 가하는 고통과 혼란을 어떻게든 억누르게 하는 전능한 권위authority ex machina를 상정하는 것은 이제까지 발견된 문제들을 해결하려는 것이 아니라 그런 문제들이 사라지기를 바라는 것이다. 17세기에 이르러, 정념에 대한 분석이 정교화되면서 억압이 더는 유효한 전략으로 살아남지 못한 이유가 바로 그것이다.

이 같은 심리학적 발견 및 이에 대한 심취와 좀 더 조화를 이루는 해법, 다시 말해 정념을 단순하게 억누르는 대신 제어하는 것이 하나의 해법으로 제시되었다. 국가, 또는 '사회'는 다시 한번 이런 묘기를 선보이기 위해 부름을 받았는데, 이번에는 억압적인 방어벽으로서가 아니라 변형자, 문명화의 매개체 역할을 하게 되었다. 파괴적인 정념을 건설적인 어떤 것으로 변형한다는 생각은 이미 17세기에 등장했다. 애덤 스미스의 '보이지 않는 손'을 선취하며, 파스칼은 인간이 "욕정으로부터 그토록 아름다운 질서, 감탄스러운 조화를 이끌어 낸다는 것"을 근거로 인간의 위대함을 주장했던 것이다.[b]

18세기 초에는 잠바티스타 비코가 이런 생각을, 여기에 짜릿한 발견의 풍미를 불어넣으며, 더욱 충실하게 서술했다.

---

b Pascal, *Pensèes*, Nos. 502, 503 (Brunschvicg edn.) [『팡세』, 이환 옮김, 민음사, 2003, 357~358쪽]. 자선보다는 자기애에 의해 사회가 유지될 수 있다는 발상은 파스칼의 동시대인인 얀센파 교도Jansenist, 가령 피에르 니콜이나 장 도마 등에 의해, 인간의 죄가 인간을 움직이게 한다는 형식으로 표현되었다. Gilbert Chinard, *En lisant Pascal* (Lille: Giarel, 1948), pp. 97~118, 그리고 D. W. Smith, *Helvetius: A Study in Persecution* (Oxford: Claredon Press, 1965), pp. 122~125 참조. 피에르 니콜에 대한 최근의 훌륭한 연구로는 Nannerl O. Keohane, "Non-Conformist Absolutism in Louis XIV's France: Pierre Nicole and Denis Veiras," *Journal of the History of Ideas* 35 (Oct.~Dec. 1974), pp. 579~596 참조.

[사회는][*] 인류 모두가 갖고 있는 세 가지 악인 잔인함과 탐욕과 야망으로부터 군대와 상인과 궁정을, 즉 국가의 힘과 풍요와 지식을 만들었다. 세계의 모든 인류를 파멸시킬 수 있었음이 확실한 이 세 가지 거대한 악으로부터 사회의 행복이 만들어진 것이다. 이 공리는 신의 섭리가 존재하며 그것이 신의 입법 정신임을 증명한다. 자신의 사욕에 몰두하며 그것을 위해 야수처럼 홀로 사는 인간을 사회 속에서 살 수 있도록 만들기 위해 인간의 감정으로부터 사회적 질서를 만들어 낸 것이 바로 신의 입법 정신이다.[17]

유별나게 독창적인 지성의 소유자로서 비코가 가지고 있는 명성의 일부는 분명히 이 진술에 빚지고 있다. 헤겔의 이성의 간지, 프로이트적인 승화 개념, 그리고 다시 한번 언급하건대 애덤 스미스의 보이지 않는 손까지, 이 모든 것들을 함축성 있는 이 두 문장들 속에서 읽어 낼 수 있다. 그러나 상세한 설명은 없으며, 따라서 어떤 조건에서 파괴적인 '정념'이 '미덕'으로 변화하는 기묘한 일이 발생하는지에 대해서는 알려지지 않았다.

인간의 정념을 제어해, 그 정념들이 보편적인 복리에 부합하는 방향으로 작동하게 한다는 발상은, 비코와 동시대를 살아간 영국인

---

* 이 인용문에서 '사회는'이라는 첨언은 허시먼의 것이다. 그러나 조한욱의 국역본에는 '법은'으로 되어 있다. 참고로 1948년 코넬대 출판부에서 출간된 영어판에는 'legislation'으로 되어 있다.

인 버나드 맨더빌에 의해 훨씬 더 상세하게 제시되었다. 맨더빌은 『꿀벌의 우화』 도처에서 "솜씨 좋은 정치인의 능숙한 관리"가 "개인의 악덕"이 "공공의[사회의] 이익"*으로 바뀌는 데 필수적인 조건이자 동인임을 언급했다. 그러나 그 정치가가 일하는 방식이 [그 책에서] 잘 드러나지 않기 때문에, 유익하며 역설적인 것으로 알려진 변환은 여전히 상당히 불가사의한 것으로 남았다. 맨더빌은, 오직 한 가지 특정한 '사적인 악덕'에 대해서만, 그와 같은 변환이 실제로 어떻게 이루어졌는지에 대해 상세히 설명했다. 물론 나는 여기서, 물질적인 재화 일반에 대한 정념, 특히 사치품에 대한 정념을 다룬 그의 유명한 논의를 언급하고 있다.[c]

따라서 맨더빌은 자신이 제시한 역설의 타당성을 효과적으로 주장하기 위해, 한 가지 특정한 '악덕'이나 정념에만 초점을 맞추었다

---

* 『꿀벌의 우화』, 최윤재 옮김, 문예출판사, 2011, 264쪽.

c "능숙한 관리"Dextrous Management라는 표현으로 맨더빌이 의도한 것은 일상적인 개입과 규제가 아니라, 여러 시도와 실수를 거치며 적절한 법적·제도적 틀을 확립해 가는 점진적인 개선과 진화의 과정이었다고 주장하는 설득력 있는 목소리가 있다. Nathan Rosenberg, "Mandeville and Laissez-Faire," *Journal of the History of Ideas* 24 (April~June 1963), pp. 183~196 참조. 그러나 다시 강조하건대, 맨더빌은 그 틀의 작동 방식을 막연하게 추측만 했지 구체적으로 보여 주지는 않았다. 또한 보편적인 복리를 위해 긍정적인 영향을 미치기 때문에 맨더빌이 구체적으로 묘사한 사치품의 경우, 그가 말하는 정치나 제도적 틀이 적극적으로 수행하는 역할은 대단히 미비한 수준이다.

고 말할 수도 있다. 일반화로부터 맨더빌의 이 같은 후퇴는, 이후 엄청난 성공을 거둔 애덤 스미스의 『국부론』에서 계승되었는데, 그 작품에서 스미스는 전통적으로는 욕심 또는 탐욕으로 알려져 있던 정념에만 전적으로 집중했다. 더욱이, 앞으로 이 글에서 상세히 살펴보겠지만, 그 사이 생겨난 언어의 진화 덕분에, 스미스는 그 명제가 설득력 있고 받아들여지기 쉬운 방향으로 성큼 나아갈 수 있었다. 다시 말해, 그는 '정념'과 '악덕'을 '이득'advantage과 '이해관계'라는 무색무취한 용어로 대체하면서, 맨더빌이 제시한 충격적인 역설의 날을 무디게 만들었다.

이렇게 제한적이고 길들여진 형식 속에서, 정념을 제어한다는 발상이 살아남을 수 있었고, 19세기 자유주의의 주된 신조이자, 경제 이론의 핵심 구성물로서 변성할 수 있었다. 그러나 정념을 제어한다는 생각을 일반화하지 않으려는 입장이 보편적으로 받아들여지지는 않았다. 실제로 후대의 지지자들 가운데 일부는 비코보다 조심성이 없었다. 즉 그 일부 지지자들은 역사의 진보를 인간의 정념이 인류 또는 세계정신의 보편적 진보를 위해 공모하고 있음을 보여 주는 충분한 증거로 받아들이고 있었던 것이다. 헤르더와 헤겔은 모두 역사철학에 관한 그들의 저서를 이와 같은 노선에서 썼다.[d] 헤겔의 저 유

---

d 헤르더에 따르면, "모든 사람의 가슴의 정념은 그 자신이 무엇인지 모르는 거친 충동의 힘이지만, 그 본성상 오직 더 나은 사물의 질서를 은밀히 모색할 수밖에 없는 것이다". Johann Gottfried Herder, *Ideen zur Philosophie*

명한 이성의 간지 개념은, 정념을 따르는 사람들이, 정작 자신들은 전혀 모르는 채로, 세계-역사적인 어떤 고차원적 목적에 봉사하고 있다는 발상을 표현한다. 세계사의 발전이 아니라 당대 사회의 실제 변화와 관계가 있는 책인 헤겔의 『법철학』에 그 개념이 다시 등장하지 않는다는 사실은 아마도 의미심장한 일일 것이다. 이성의 간지에서 암시되어 있는 것처럼 보이는 정념에 대한 승인은 너무나도 전면적이어서, 당대의 사회적·정치적 발전에 비판적인 시각을 견지했던 그 어떤 저작에도 [그와 같은 승인이] 들어설 여지가 없었다.

그와 같은 생각을 가장 적나라하게 보여 주는 마지막 대변인으로는 괴테의 『파우스트』에 등장해 자신을 "언제나 악을 의도하지만 언제나 선을 이끌어 내는 힘의 일부"라고 정의하는 메피스토를 꼽아 볼 수 있다. 사악한 정념을 어떤 구체적인 방식으로 제어한다는 발상은 여기서 완전히 포기된 것처럼 보인다. 대신에 신비로우면서도 너그럽다고 할 수 있는 세계 속에서 그런 변환이 진행된다.

der Geschichte der Menschheit, in *Werke*, ed. Suphan (Berlin, 1909), Vol. 14, p. 213.

서로 대항하는 정념의 원리

불안해하고, 정념에 사로잡히며, 충동에 휘둘리는 인간이라는 압도적인 현실을 고려해 보면, 억압하거나 제어하는 해법은 모두 설득력이 떨어진다. 억압을 통한 해법은 문제를 멀찍이 밀어 버리는 것인 반면, 좀 더 현실적이라 할 수 있는, 정념을 제어하는 해법은 과학에 대한 당대의 열정과는 어울리지 않는 연금술적인 변환의 요소들로 말미암아 훼손되어 있었다.

17세기 모럴리스트들이 소재로 삼고 있던, 정념을 상세히 기술하고 탐구하는 문제는 세 번째 해법의 제안과 결부되어 있었다. 즉 정념들을 구별해 서로 싸우게 하거나, 또는 비교적 무해한 일군의 정념을 활용해 좀 더 위험하고 파괴적인 다른 정념에 대항하게 하거나, 또는 이이제이의 방식으로 정념들을 약하게 만들고 길들일 수는 없을까? 이런 생각은 도덕적 교화의 효과에 대해 절망한 사람들에게는 단순하고 명확한 생각처럼 보이지만, 성 아우구스티누스가 은연중에 암시했음에도, 이 같은 발상은 아마도 모든 정념을 동시에 공격하는 것보다 훨씬 더 구상하기 어려운 기획이었을 것이다. 단테의 "Superbia, invidia e avarizia sono / le tre faville ch'anno i cuoriaccesi"ᵉ부터 칸트의 『세계시민적 관점에서 본 보편사의 이

---

e 오만함, 질투, 그리고 탐욕은 인간의 심장에 불을 붙이는 세 개의 불꽃이리니. Dante Alighieri, *Inferno*, Canto VI, lines 74~75.

념』*Idea for a General History*의 "Ehrsucht, Herrschsucht und Hab-sucht"[f]에 이르기까지, 주요 정념들은 오랫동안 문학과 사상에서 나누기 어렵게 서로 연결되어, 대체로 불경한 삼위일체를 형성하고 있었다. 전쟁, 기근, 역병이라는 인류의 세 가지 고난처럼, 이 기본적인 정념들은 서로를 북돋우는 것으로 여겨져 왔다. 이들을 불가분의 것으로 여기는 습관은, 그것들을 하나의 덩어리로 묶어, 이성의 명령이나 구원의 요건과 일반적으로 대비되는 것으로 취급하면서 더욱 강화되었다.

중세의 우화 속에서 인간의 영혼은 악덕에 맞서 미덕이 투쟁을 벌이는 전쟁터로 자주 묘사되었다.[g] 훗날, 좀 더 현실주의적인 시대가 되었을 때, 앞선 시대의 싸움과 마찬가지로 정념과 정념이 서로 맞붙지만, 인간과 인류에게 이바지할 수 있는 매우 다른 종류의 싸움을 생각할 수 있었던 것은, 어쩌면 역설적이게도 바로 이 전통 때문이었을지도 모른다. 어쨌든 이 같은 발상은 17세기에 사고방식 및 개성 면에서 대척점에 있다고 할 두 인물, 즉 베이컨과 스피노자에게서 비롯되었다.

---

f 야망, 권력에의 갈망, 그리고 탐욕.

g 이런 이유로 저 분야의 이름은 영적 투쟁이 되었다. 5세기 작품인, 푸르덴티우스Prudentius의 『영혼의 싸움』*Psychomachia*부터 파리 노트르담대성당 정면의 중앙 현관에 새겨진 미덕과 악덕의 순환 고리에 이르기까지, 그 역사를 Adolf Katzenellenbogen, *Allegories of the Virtues and Vices in Mediaeval Art* (London: Warburg Institute, 1939)에서 훑어볼 수 있다.

베이컨에게 그와 같은 발상은 인간이 귀납적이고 경험적인 사고를 하지 못하도록 가로막는 형이상학적이고 신학적인 굴레를 떨쳐내고자 했던 그의 체계적인 시도의 결과물이었다. 『학문의 진보』가운데 "인간의 욕구와 의지"를 다루는 장[제2권 20장]에서 그는 전통적인 도덕철학자들을 다음과 같은 이유로 비판했다.

마치 글 쓰는 법을 가르치면서 알파벳과 철자에 대한 모범적 필체를 제시할 뿐, 손을 어떻게 움직이고 철자를 어떻게 결합하는지에 관해서는 전혀 지침을 제공하지 않는 교사와도 같다. 말하자면 그들은 선, 덕, 의무, 행복 같은 것을 상세하게 그린 멋진 사례와 모범을 작성했을 뿐이다. …… 이 탁월한 귀감에 어떻게 도달할 수 있는지, 이 목표를 진실로 따르도록 만들기 위해서는 인간 의지를 어떻게 바꾸고 굴복시켜야 할지 같은 문제는, 아예 간과되기 일쑤였다.[18]

물론 이런 비판은 마키아벨리 이후 낯익은 것이지만, 이 같은 비유는 매우 시사적이며, 몇 쪽 뒤에서 베이컨은 자신이 개괄한 문제를 해결하는 데 직접 착수한다. 그는 철학자들을 대할 때와는 달리, 시인들과 역사가들을 다음과 같이 찬양한다.

이들[시인들과 역사가들 -옮긴이]은 정서들affections의 구석구석 매우 생생하게 묘사했다. 이를테면 정서는 어떻게 불붙고 고조되었다가, 어떻게 진정되고 억제되며, 그리하여 …… 어떻게 작용하며 어떻게 변화하는

지, 정서는 어떻게 서로 결합해 서로를 강화하는지, 한 정서가 어떻게 다른 정서 안에 밀봉되는지, 어떻게 정서는 서로 싸우고 대항하는지 등등. 이렇듯 다양한 개별 사례 중에서도, 윤리 및 정치 문제에서 그 용도가 각별한 것은 마지막 사례이다. 즉 어떻게 정서를 정서에 대항시켜, 한 정서에 의해 다른 정서를 제어할 수 있는가? 우리는 짐승으로 짐승을 사냥하고, 새로 새를 뒤쫓곤 하는데, 그렇게 하지 않으면 쉽게 사냥할 수 없을 것이다. …… 국가의 통치에서 때로는 한 당파를 다른 당파로 제압할 필요가 있듯이, 인간 정신의 내면에서도 그럴 필요가 있다고 하겠다.[19]

이 강력한 문단, 특히 문단 뒷부분에는 시인들과 역사가들의 성취가 아니라 베이컨이 정치인과 공직자로서 밀도 있게 경험했던 바의 흔적이 가득 담겨 있다. 정념끼리 싸우게 해 정념을 통제한다는 발상은, 그의 사상에 나타나 있는 도발적이면서 실험적인 경향과 매우 잘 들어맞는다. 그러나 다른 한편으로 그의 이 같은 정식화는 그 당시에는 특별한 영향력을 행사하지 못했다. 오직 근대의 학자들만이 그와 같은 정식화에 관심을 가졌는데, 이는 그와 같은 발상을 자신들의 사유 체계에서 훨씬 더 중요한 위치에 놓은 스피노자와 흄의 선구자로 베이컨을 제시하기 위해서였다.[20]

『윤리학』에서 정념에 대한 이론을 상술하면서, 스피노자는 자신의 논증에 필수적인 두 개의 명제를 제시했다.

> 감정affect은 그것과 반대되는, 그리고 억제되어야 할 그 감정보다 더 강력한 어떤 감정에 의해서가 아니면, 억제될 수도 없고, 제거될 수도 없다.[21]

그리고

> 선과 악에 대한 참된 인식은 그것이 참인 한에서는 어떤 감정도 억제할 수 없고, 단지 그것이 감정으로 간주되는 한에서만 감정을 억제할 수 있다.[22]

형이상학적 경향이나 실천적인 삶과는 비교적 거리가 먼 삶을 살았다는 점을 놓고 볼 때, 스피노자가 베이컨과 같은 학설을 지지하게 되었다는 것은 언뜻 보면 이상해 보일 수도 있다. 사실 그에게는 매우 다른 이유가 있었다. 정념끼리 서로 맞서 싸우게 함으로써, 그것들을 유용하게 다룰 수 있을 것이라는 생각보다 더 그의 생각과 거리가 먼 것은 없었을 것이다. 앞서 인용된 문장들은, 『윤리학』에서 스피노자가 추구한 여정의 최종 목적지에 도달하는 것이 진실로 어렵다는 점을 독자들이 충분히 깨닫게 하기 위해 정념의 힘과 자율성을 주로 강조하는 기능을 했다. 『윤리학』의 최종 목적지는 정념에 대한 이성과 신의 사랑의 승리이며, 대항하는 정념이라는 발상은 그저 그 목적지에 도달하기 위한 중간 기착지 역할을 할 뿐이다. 그와 동시에, 대항하는 정념이라는 발상은 스피노자의 작업에서 정점을 이루는 필수적인 요소로 남아 있는데, 우리는 그 증거를 다음과 같은 마지막 명제에서 확인할 수 있다.

…… 우리는 욕심을 억제하기 때문에 지복至福을 향수하는 것이 아니라, 반대로 지복을 향수하기 때문에 욕심을 억제할 수 있다.[23]

어떤 정념과 효과적으로 맞서 싸울 수 있는 것은 오직 다른 정념뿐이라는 발상을 가장 중요하게 다룬 첫 번째 위대한 철학자는, 이 같은 발상이 실천적이고 도덕적인 또는 정치적인 문제를 공학적으로 해결해 가는 영역에 이식될 수 있다는 가능성을 충분히 이해했지만, 그렇게 하려는 의도가 없었다.[h] 실제로 이와 같은 사고는 스피노자의 정치 저작에 다시 등장하지 않는데, 이 점을 제외하면, 스피노자의 정치 저작들에 인간 본성의 이런 변덕스러움을 사회에 유리하게 발전시키는 법과 관련된 실천적 제안이 부족한 것은 아니었다.

흄이 스피노자의 철학을 "흉측하다"hideous고 비난하긴 했지만, 정념 및 이성과 정념이 맺는 관계에 대한 흄의 사고방식은 놀라울 정

---

h 예컨대 다음 문장에서 드러나는 바와 같다. "다음에서 나는 인간을 서로 다른 방향으로 이끄는 감정을 반대되는 감정으로 이해할 것이다. 사랑의 종류인 미식욕과 탐욕처럼 설사 같은 유類에 속하는 것일지라도 그러할 것이다. ……" Spinoza, *Ethics*, Part IV, Definitions [『에티카』, 황태연 옮김, 236쪽. 제4부, 정의].

도로 스피노자의 것과 유사하다.[24] 흄은 그저 이성에게 정념이 난공불락의 존재임을 더욱더 급진적으로 선언했을 따름이다. "이성은 정념의 노예이고 또 노예여야만 한다." 이것은 가장 잘 알려진, 흄의 철학적 선언 가운데 하나다. 이런 극단적인 입장 때문에, 흄은 하나의 정념이 다른 정념에 대한 균형추 기능을 할 수 있다는 생각으로부터 절실히 위안을 구할 수밖에 없었다. 실제로 핵심적인 내용이 담겨 있는 같은 문단에서 흄은 다음과 같이 선언했다. "정념의 충동과 대립하거나 또는 그것을 방해할 수 있는 것은 상반된 충동뿐이다."[25]

스피노자와 달리 흄은 그의 통찰을 기꺼이 현실에 적용하고자 했다. 『인간 본성에 관한 논고』 제3권에서 "사회의 기원"을 논하면서 흄은 즉각 실행에 착수했다. "재화와 소유물을 얻으려는 …… 탐욕"을 논하면서, 이 정념이 상당히 파괴적인 잠재력을 지니고 있으며 또한 독특한 방식으로 위력을 나타내기에, 이를 견제할 수 있는 유일한 방법은 정념 그 자체로 정념에 대항하도록 하는 것임을 발견했던 것이다. 이것은 쉽게 수행할 수 있는 작업처럼 보이지는 않지만, 흄은 다음과 같은 방식으로 문제를 해결했다.

따라서 타산적 정서interested affection 자체가 자신의 방향을 변경하지 않는 한, 그 어떤 정념도 타산적인 정서를 다스릴 역량이 없다. 그런데 [소유에 대한 -옮긴이] 이 정념은 자유로울 때보다 제약하에 놓여 있을 때 더욱 만족되는 것이 명백하므로, 또한 …… 쓸쓸한 처지에 빠지는 것보다는 사회를 유지함으로써 우리가 더 많이 소유하게 되는 것이 명

백하므로, 조금만 반성해도 [타산적인 정서의 방향을 -옮긴이] 필연적으로 변경하게 된다.[26]

비록 '조금만'이라는 말로 표현되고 있기는 하지만 어느 정도의 이성이나 반성이 필요하다는 사실을 인정하는 것은 오직 정념과 정념의 투쟁이 이루어진다고 가정했던 싸움터 안에 (더욱이 '정념의 노예'로 가정되었던) 이질적인 요소를 도입하는 것이 아니냐고 누군가 트집을 잡을지도 모른다. 그러나 여기서 핵심은 흄의 사고에서 흠결을 짚어 내는 것이 아니라 정념에 대해 정념으로 대항한다는 발상에 그가 얼마나 사로잡혀 있었는지를 보여 주는 것이다. 흄은 비교적 중요하지 않은 적용 작업에서 이런 발상을 더욱 적절하게 구사한다. 예컨대 맨더빌을 논하면서, 흄은 설령 사치가 악이라고 하더라도, 사치를 추방한 결과 발생할 수 있을 '나태'보다는 정도가 덜한 악이라고 주장한다.

그러므로 어떤 국가 안에 대립하는 두 개의 악덕이 존재하는 것이 그들 가운데 하나만 있는 것보다 더 유익할 수도 있다고 주장하는 데 만족하되, 그러나 결코 악덕을 그 자체로 유익하다고 선언하지는 말자.

좀 더 일반적인 정식화가 이어진다.

인류에게 모든 종류의 미덕을 부여하고, 인류를 모든 종류의 악덕으로부터 해방해 줄, 인류의 이런 기적과도 같은 변형의 결과가 무엇이든, 이것은 오직 가능한 것만을 추구하는 치안관magistrate에게 관심의 대상이 아니다. 매우 많은 경우, 그는 다른 악덕을 통해서만 악덕을 바로잡을 수 있으며, 그런 경우 치안관은 사회에 가장 적은 해악을 끼치는 선택지를 선호할 것이기 때문이다.[27]

아래에서 언급되겠지만, 다른 곳에서 흄은 "획득에 대한 사랑"[획득욕]을 "쾌락에 대한 사랑"[쾌락욕]으로 억누르는 것을 옹호했다. '회의론자'The Sceptic에 관한 에세이에서 발췌한 다음 문단에서 드러나듯, 그는 심지어 자신이 동의하고 있지 않을 때조차 정념으로 정념을 억제한다는 발상을 적용하는 일에 매료되어 있었다.

"정복에 대한 야심과 정념에 있어서", 퐁트넬Fontenelle이 말하길, "진정한 천문학 체계만큼 파괴적인 것은 없다. 무한한 자연에 비한다면 지구 전체조차 얼마나 보잘것없는 것인가?" 이와 같은 고찰은 너무나 동떨어진 것이라 그 어떤 영향도 미치지 못한다. 또는 어떤 영향을 미친다면, 그것은 야심뿐만 아니라 애국심 역시 파괴하지 않겠는가?[28]

이런 비판은 정념들이 서로 싸우도록 영리하게 배치함으로써 사회 진보를 꾀한다는 발상이 18세기에 꽤 흔한 지적 소일거리가 되었음을 시사한다. 다수의 유·무명 작가들이 일반적인 형태로 또는 응용된 형태로 이 같은 생각을 표현했다. 응용된 형태는 『백과전서』의

'광신주의'fanaticism 항목으로 예시된다. 본질적으로 종교 제도와 믿음에 대한 격렬한 비판인 '광신주의' 항목은 '애국자의 광신'에 관한 특별한 절로 끝을 맺는데, 이는 종교적 광신주의에 맞서는 데 유용할수 있다는 이유로 칭송받았다.[29] 그 반면 정념에 맞서는 정념이라는 발상의 가장 일반적인 형태는 보브나르그*가 전하고 있다.

> 정념들이 정념들과 맞서고, 하나의 정념이 다른 정념의 평형추로 기능할 수 있다.[30]

또한 같은 표현이, 폴 돌바크의 더욱 정교한 정식화 안에서 발견된다.

> 정념들은 정념들의 진정한 평형추이다. 우리는 정념들을 전적으로 파괴하고자 시도해서는 안 되며, 반대로 그 정념들을 인도하고자 해야한다. 즉 유해한 정념들을 사회에 유익한 정념들로 상쇄해 보자. 이성은 …… 우리의 행복을 위해 우리가 반드시 따라야 할 정념들을 선택하는 행위일 뿐이다.[31]

---

* 뤽 드 클라피에르 보브나르그(1715~47). 18세기 초중반에 활동한 프랑스의 모럴리스트. 모럴리스트의 마지막 세대로 분류된다. 가난과 질병에 시달리면서도 인간에 대한 긍정적 태도를 유지했고, 그러면서도 신에게 귀의하지 않았다.

서로 대항하는 정념의 원리는 인간 본성에 대한 비관적인 시각과 정념은 위험하고 파괴적이라는 일반적 통념이 퍼져 있던 17세기에 생겨났다. 그 이후의 세기에 인간의 본성과 정념은 그 이전에 누렸던 명예를 상당 부분 회복했다.[i] 프랑스에서 정념을 가장 대담하게 옹호한 사람은 엘베시우스였다.[32] 그의 입장은 『정신론』*De l'esprit*에 수록되어 있는 「정념의 힘에 대하여」, 「분별력 있는 사람들에 대한 정념이 가진 힘의 지적 우위에 대하여」, 그리고 「정념에 좌우되지 않게 되는 순간 어리석은 사람이 된다」라는 제목이 붙은 각 장에 충분히 나타나 있다. 그러나 인간 본성에 대한 자신의 개념이 인간을 '있는 그대로' 바라보라고 처음 요청했던 때와 완전히 달라졌음에도 루소가 주기적으로 그와 같은 요청을 반복했던 것처럼, 대항하는 정념이라는 처방은 이제 그 정념들이 유해하기는커녕 활기를 불어넣는 것으로 선언되고 있었음에도 계속해서 옹호되고 있었다. 실제로 엘베시우스는 이 원칙에 대한 가장 정교한 진술 가운데 하나를 제시했는데, 이는 로코코적 색채를 가미하면서 베이컨이 내놓은 애초의 정식으로 돌아간 것이다.

그들의 조언을 채택하기 위해 …… 우리의 정념들이 서로 싸우도록 무장시키는 방법을 아는 모럴리스트는 거의 없다. 대체로 모럴리스트의

---

i 111쪽 이하의 논의를 참조.

조언은 그대로 따를 경우 너무 많은 상처를 주게 될 것이다. 그러나 그들은 이런 종류의 상처가 감정을 압도할 수 없음을 깨달아야 한다. 오직 정념만이 다른 정념을 이겨낼 수 있다. 말하자면 예컨대 누군가가 문란한 여성을 보다 정숙하고 자제력 있는 삶을 살도록 유도하려 한다면, 그는 그 여성의 교태에 맞서기 위해 그녀의 허영심을 부추겨야 할 것이며, 그 여자로 하여금 정숙함이 사랑과 세련된 관능의 산물임을 깨닫게 해야 한다. …… 만약 모럴리스트들이 이 같은 방식으로 상처의 언어를 이해관계의 언어로 대체한다면, 그들은 자신들의 준칙을 준수할 수 있었을 것이다.[33]

우리의 논증에서 다음 단계를 위해, 여기서 '이해관계'라는 단어가 서로 대항하는 기능을 수행하는 정념들을 총칭하기 위해 사용되었음[을 지적해 두는 것]이 특히 중요하다.

[대항하는 정념이라는] 발상은 프랑스와 영국에서 미국으로 전파되었고, 미국에서 헌법 제정자들이 헌법을 만드는 과정에서 중요한 지적 도구로 활용되었다.[34] 우리가 최근 대통령제에 대해 경험한 매우 시의적절한 사안*을 통해 봐도 그렇거니와, 알렉산더 해밀턴이 『페더럴리스트』의 72번 논고에서 대통령의 재선 원칙을 정당화하기 위해 내놓은 주장도 좋은 사례라고 볼 수 있다. 해밀턴은 재선을 금지하

---

* 이 책의 초판은 1976년에 출간되었다. 여기서 말하는 경험은 1972년부터 1974년까지 진행된 워터게이트 사건과 닉슨 대통령의 사임을 의미한다.

는 것이 대체로 현직자의 동기에 어떤 영향을 미치는지를 중심으로 논리를 전개한다. 또 다른 부작용은 "추악한 생각, 횡령[그리고 때로는 권력 강탈]의 유혹"이다.

탐욕스러운 사람이 그 자리에 올랐다면, 자신이 누리는 이익을 여하튼 포기해야만 할 때를 내다보면서, 지금 누리는 기회가 지속되는 동안 그것을 최대한 이용하려는 성향 — 그런 사람이라면 거부하기 쉽지 않은 — 을 보일 수 있다. 또한 일시적인 만큼 최대의 수확을 거둘 수 있는 가장 부패한 편법을 거리낌 없이 사용할지도 모른다. 하지만 아마 같은 사람이라도, 자신 앞에 다른 전망[즉 재선의 가능성 -옮긴이]이 놓여 있다면, 자기 지위에서 누릴 수 있는 통상적인 특전에 만족하고, 기회의 남용에 따르는 위험을 무릅쓰려고 하지는 않을지 모른다. 그의 탐욕이 자신의 [또 다른 -옮긴이] 탐욕에 대한 감시인이 될 수 있는 것이다. 그뿐만 아니라, 그와 같은 사람이 탐욕뿐만 아니라 허영심과 야심을 가지고 있을 수도 있다. 만일 성실한 직무 수행을 통해 자신의 명예를 지속할 수 있으리라 기대할 수 있다면, 명예에 대한 욕구를 이익에 대한 욕망에 희생하는 데 주저할지도 모른다. 그러나 피할 수 없는 종결이 다가오고 있다는 전망에서는, 그의 탐욕이 그의 조심이나 자부심, 또는 야망에 대해 승리를 거둘 공산이 크다.*

• 『페더럴리스트』, 박찬표 옮김, 후마니타스, 2019, 542~543쪽.

마지막 부분의 문장들은 대항하는 관념들을 다루는 진정한 대가의 솜씨를 보여 주고 있거니와, 그것이 좀 지나친 나머지 이런 문장을 읽는 훈련이 덜된 오늘날의 독자들에게는 다소 숨 막히는 경험이 되기도 한다.

『페더럴리스트』51에는 이와 매우 유사해 보이는, 좀 더 유명한 논변이 등장하는데, 여기에서 정부의 다양한 부문들 사이의 권력분립이라는 발상은 "야심은 반드시 야심으로 대응해야 한다"*는 진술을 통해 정당화된다. 여기서 이 주장이 뜻하는 바는 정부 한 부문의 야심이 또 다른 부문의 야심에 맞대응한다는 것이다. 이것은 [한 사람의] 단일한 영혼이라는 전쟁터에서 정념들끼리 전투를 벌이는 앞서의 상황과는 매우 다른 것처럼 보일 수도 있겠다. 그러나 권력분립의 원칙이 또 다른 [사고방식의] 외양으로 치장되어 있다는 것은 분명해 보였다. 즉 견제와 균형이라는 비교적 새로운 사고방식이 설득력을 얻을 수 있었던 것은 그것이, 당시 널리 받아들여져 매우 친숙했던, 대항하는 정념의 원리의 응용된 형태로 제시되었기 때문이다.

물론 이것이 의식적인 전략은 아니다. 사실 저 문장의 저자(해밀턴 또는 매디슨)**는 그 문장이 불러일으킨 혼동의 첫 번째 희생자가 되었던 것처럼 보인다. 왜냐하면 그는 다음과 같이 계속 주장하기 때문

---

* 같은 책, 396쪽.
** 허시먼이 이 책을 썼던 시점과 달리, 오늘날에는 인용된 문장이 담긴 51번 논고의 저자가 제임스 매디슨이라는 데 거의 모든 연구자가 동의하고 있다.

이다. 즉 "그런 장치가 정부의 [권력 -옮긴이] 남용을 통제하기 위해 필요하다는 것은 인간 본성의 불명예일 수 있다. 그러나 정부 그 자체가 인간 본성의 모든 불명예 가운데 가장 큰 불명예가 아닌가?"* 확실히 인간의 악한 충동은 오직 서로 싸우고 서로를 상쇄하는 다양한 정념을 배치함으로써만 억제될 수 있다는 생각은 "인간 본성의 불명예"로 확실히 간주된다. 반면에 권력분립의 원리는 인간 본성을 그렇게 모욕하는 것이 아니다. 그러므로 "야심은 반드시 야심으로 대응해야 한다"**는 저 주옥같은 문장을 씀으로써, 이 문장을 쓴 이는 견제와 균형이 아니라 정념의 상쇄 원칙이 새로 건설되는 나라의 근간이라고 확신하는 것처럼 보이기도 한다.

좀 더 일반적으로 말한다면, 대항하는 정념의 원리가 권력분립을 위한 지적 토대를 마련해 주었다고 보는 편이 좀 더 설득력 있어 보인다. 그렇게 본다면 우리가 검토한 사유의 흐름은 그 출발지로 되돌아온 셈이다. 즉 그것은 국가에서 출발해, 개인의 행위에 대한 문제들을 검토했다가, 이 단계에서 생겨난 통찰이 마침내 정치 이론으로 역수입되었으니 말이다.

---

* 같은 책, 396쪽.
** 같은 곳.

정념의 조련자로서 '이해관계'와 '이해관계들'

정념과 정념이 서로 겨루게 하는 전략이 고안되고, 수용할 만한, 심지어 전도유망한 것으로 간주되었으며, 더 나아가 그다음으로 바람직한 단계가 추론되어 나왔으니 그 내용은 이러하다. 즉 그 전략을 쉽게 적용할 수 있으려면, 요즘 식으로 말해 조작적operational인 것이 되려면, 어떤 정념들에 조련사 역할이 전형적으로 할당되었는지, 반대로 어떤 정념들이 조련을 필요로 하는 '야생적' 정념인지, 최소한 일반론적으로라도 알아야만 한다.

이런 종류의 특별한 역할 할당이 홉스적인 계약의 기반이며, 그 계약은 부, 명예, 지배 등을 공격적으로 추구하는 "인간의 욕망과 기타 여러 가지 정념들"이 "인간을 평화로 향하게 하는 정념들"에 의해 압도당할 때만 체결되는데, 이처럼 마음을 평화로 이끄는 정념에는 "죽음에 대한 공포, 생활의 편의를 돕는 각종 생활용품에 대한 욕망, 그러한 생활용품을 자신의 노력으로 획득할 수 있다는 희망 등"[35]이 있다. 이런 의미에서 보자면 사회계약론은 전반적으로 [정념으로 정념에] 대항하는 전략의 파생물이라고 할 수 있다. 정념에 가득 찬 사람들이 만들어 내는 문제가 단번에 완전히 해결된 국가를 정립하도록 해야 했던 홉스에게는 대항하는 정념이라는 전략에 단 한 번 호소할 필요가 있었다. 홉스가 이런 과제를 염두에 두었기에, 그는 필요에 따라 그때그때 길들이는 정념과 길들여지는 정념이 무엇인지 정의를 내리면 그만이었다. 그러나 홉스의 동시대인들은, 인간과 사회가 빠진 수렁에 대한 홉스의 근심에 공감하면서도, 홉스가 내놓은 극단적 해법에는 동의하지 않았을 뿐만 아니라, [정념으로 정념에] 대항하는 전략이 영구적으로 매일매일 요구된다고 생각했다. 이런 목적을 달성하기 위해서는 좀 더 일반적이고 항구적인 역할 할당을 정식화하는 것이 확실히 바람직해 보였다. 실제로 그와 같은 정식화가 등장했는데, 이것은 사람들의 이해관계들interests을 그들의 정념들passions과 대립시키고, 사람들이 자신들의 이해관계들에 이끌릴 때 따라 나오는 우호적인 결과를 그들이 정념을 제멋대로 방치했을 때 만연하는 재앙적 사태와 대비하는 양상을 띠었다.

이런 두 개념의 대립을 이해하려면, 우리는 그 무엇보다 우선 '인터레스트'interest[단수형]와 '인터레스츠'interests[복수형]라는 개념의 의미가 언어와 사상의 진화 과정 속에서 연달아 (그리고 대체로 이와 동시에) 어떻게 다양하게 변화해 왔는지에 대해 논의해야만 한다. 사람과 집단의 '이해관계들'은 결국, 일상 언어뿐만 아니라 '계급적 이해관계들', '이익집단들' 등과 같은 사회과학적 용어에서도 경제적 이득을 그 핵심 의미로 삼게 되었다. 그러나 경제적 의미가 그 개념의 역사 속에서 지배적 지위를 차지하게 된 것은 좀 더 훗날의 일이다. 16세기 후반 서유럽에서 '인터레스트'라는 용어는 관심concerns, 열망aspirations, 이득을 포괄하는 의미였는데, 그것은 어떤 이가 누리는 복지의 물질적 측면에만 국한되지 않았다. 그보다는, 사람들이 열망하는 것을 총체적으로 포괄하되, 그런 열망이 추구되는 방법에 대한 숙고와 계산의 요소를 의미했다.[j] 실제로 인터레스트라는 관념과 관련된 본격적인 사유는 개인이나 개인들의 물질적 복지와는 완전히 동떨어진 맥락에서 처음 등장했다. 앞에서 나는 통치술을 개선하려는 관심이 어떻게 인간 행동을 분석할 때 더 많은 사실주의를 추구하도록 했는지를 보여 주었다. 동일한 관심에 의해 '인터레스트'가 최초로 정의되고 상세히 탐구될 수 있었다.

마키아벨리는 정념과 정념을 겨루게 한다는 발상의 원천이 된 사유의 흐름을 창시했던 것처럼, 다시 한번 우리가 검토하게 될 사상의 근원에도 서 있다. 이후 살펴보겠지만, 이 두 흐름은 오랫동안 별도로 진행되다가 결국 통합되었고, 몇 가지 주목할 만한 결과를 낳았다.

사실 마키아벨리는 자신의 자식에게 이름을 붙여 주지 않았다. 그는 국가 통치자가 보여야 할 특징적인 행동을 규정했지만, 통치자의 이런 특징적 행동을 단일한 표현으로 포괄하지는 않았다. 이후 마키아벨리의 저작은 처음에는 동의어였던 이익[이해관계, 이자]interesse과 국가이성ragione di stato이라는 쌍둥이 개념에 영감을 주었는데, 이 단어들은 프리드리히 마이네케의 위대한 연구가 보여 주었듯 16세기 후반에 널리 사용되었다.[36] 이 개념들은 두 개의 전선에서 전투를 벌

---

j 이 단어의 역사는 그보다 한참 전까지 거슬러 올라가, 가령 빌려온 돈에 대해 지불하는 이자interest 같은 다른 의미에 도달하기도 하고, 'intérêt'라는 단어가 부상과 손실을 의미하는 프랑스어의 독특한 용례와 만나기도 한다. 그런 의미는 오늘날 불법행위dommages-intérêts에서 여전히 확인된다.

이지 않으면 안 되었다. 즉 한편으로 그것은 마키아벨리 이전 시대 정치철학의 근간이었던 도덕적인 계율과 규범으로부터의 독립을 선언했다. 그러나 동시에 그 개념들은, 군주에게 분명하고 건전한 지침을 제공할, [그러면서도] "정념과 순간적인 충동에 구애받지 않는 세련되고 이성적인 의지"[37]를 찾아내는 것을 목표로 삼고 있었다.

마키아벨리가 두 번째 전장을 결코 도외시하지 않았음을 마이네케가 보여 주긴 했지만, 새로운 통치술의 창시자인 마키아벨리가 심혈을 기울인 싸움은 당연히 첫 번째 전선에서 벌어지고 있었다.[38] 통치자를 제약하는 암시적 행동 지침으로서 이정표 역할을 하는 이해관계 개념은 그 개념이 이탈리아에서 프랑스와 영국으로 전파됨에 따라 전면에 부각되었다. 위그노의 정치가인 앙리 드 로앙 공작이 쓴 에세이인 『그리스도교 세계의 군주 및 국가의 이해관계에 관하여』의 그 유명한 서두에서 그 개념들이 뚜렷이 드러난다.

Les princes commandent aux peuples, et l'intérêt commande aux princes.[k]

마이네케가 지적하듯 이 문구를 로앙 공작은 이해관계를 "폭군 중의 폭군"으로 부른 보칼리니 같은, 또는 국가이성을 "군주 중의 군주"

k 군주는 백성들에게 명령을 내리고, 이해관계는 군주들에게 명령을 내린다.

로 부른 보나벤투라 같은,[39] 그보다 앞서 통치술에 대해 쓴 이탈리아 작가들로부터 빌려왔을 수도 있다. 그러나 로앙은 자신의 논점을 납득시키는 데 심혈을 기울인다. 그는 스페인·프랑스·이탈리아·영국 및 여타의 주요 세력들의 국가이익을 개괄적인 언어로 서술한 다음, 그 에세이의 두 번째 부분에서 몇 가지 역사적 일화들을 이야기하는데, 이는 다음과 같은 내용을 보여 주기 위해서다.

> 무질서한 욕구는 흔히 능력 이상의 과업을 짊어지도록 하니, 국사國事를 수행할 때는 변덕에 휘둘려서는 안 된다. 폭력적인 정념에 이끌려 다녀서도 안 되는데, 정념은 우리를 사로잡는 즉시 다양한 방식으로 뒤흔들어 놓는다. ⋯⋯ 우리는 오직 이성에 의해서만 인도되는 우리 자신의 이해관계에만 우리를 내맡겨야 하는데, 이 이해관계가 우리의 행동 규범이 되어야만 한다.[1]

그리고 이 강령적 선언의 뒤에는 이해관계가 아닌 정념을 좇았다가 낭패를 보게 된 다양한 군주들의 사례가 뒤따라 나온다.

구시대의 도덕주의적이고 종교적인 계율이 비현실적이고 쓸모없는 것으로 조롱당한 지 얼마 안 되어, 군주의 이해관계라는 새로운

---

1 Duke of Rohan, *On the Interest of Princes and States of Christendom*, Part. II의 들어가는 말. 특히 국가의 진정한 이해관계가 어디에 있는지 가늠하는 순수한 도구적 기능으로 이성의 역할이 강등되어 있음에 주목할 것.

학설이 정념에의 탐닉을 경고하고 질책하는 역할을 해야만 했다는 것은 실로 역설적이다. 이런 역설이 도덕주의적이고 종교적인 계율의 제공자들에게 주목받지 못한 것은 아니었기에, 그들 가운데 일부는 이 새롭고 어떤 면에서는 뜻밖에 찾아온 동맹군을 기꺼이 활용했다. 그 일례로 우리는 버틀러 주교*를 인용할 수 있을 것인데, 그는 "합리적인 자기애", 말하자면 이해관계가 어떻게 도덕과 한편에 서서 정념에 맞서는지 보여 주고 있다.

> ...... 특정 정념들이 덕과 종교의 원리와 일치하지 않는 것처럼, 그것은 세속적인 이해관계를 목표로 삼는 분별력, 또는 합리적인 자기애와도 일치하지 않는다. ...... 이런 특정 정념들은 우리의 세속적 이해관계와 관련해 경솔한 행위, 유해한 행위를 하도록 유혹한다.[40]

그러므로 이 새로운 학설은 군주에게는 거의 과거의 것만큼이나 구속력이 있는 것이었다. 게다가 새로운 원칙은 곧 별반 도움이 안 되는 것으로 드러났다. 즉 유덕한 행위에 대한 전통적인 기준이 달성하기 어려운 것이었다면, 이해관계를 정의하는 것 역시 그만큼이

• 조지프 버틀러(1692~1752). 영국의 주교, 신학자, 철학자. 성공회 신부로서 정통 신학을 옹호했다. 홉스, 로크 등 초기 근대 철학자들의 이성주의, 그리고 이신론에 대한 반론으로 잘 알려져 있다. 인간의 이성에 대한 신뢰에 기반한 논지를 전개했다.

나 어려운 일임이 드러났던 것이다. 왕의 이해관계는 그의 왕국의 권력과 부를 유지하고 증대하는 것이라고 일반론적인 차원에서 충분히 말할 만하지만, 그 원칙으로부터 구체적인 상황에 맞는 엄밀한 '결정 규칙'을 도출해 내는 것은 거의 불가능한 일이었다.

마이네케가 거장의 솜씨로 보여 주었듯이, 그런 규칙을 정하려던 시도들의 역사는 실망스럽고 굴곡진 것이었다. 그러나 비록 이해관계라는 개념이 본래 영역(군주 또는 국가)에서는 분명히 수렁에 빠지긴 했지만, 국가 내의 집단이나 개인에게 적용되면서 괄목할 만한 성과를 거두었다. 통치술을 둘러싼 논의에서 이익을 얻으려는 행동의 정수로 거론된 이기주의와 합리성의 혼합체는 특히 유용하고 전도유망한 범주로 드러났다.

지배자의 이해관계가 다양한 피지배자 집단의 이해관계들로 이행되는 과정은 영국과 프랑스에서 약간 다르게 전개되었다. 영국에서 군주와 정치가의 [행동] 지침이자, 후에 '국가의 이해관계'[국익] national interest로 전환되는 단수 명사로서의 이해관계는 17세기 초 프랑스와 이탈리아로부터 영국으로 수입되었다.[m] [위그노 정치가] 로

---

m J. A. W. Gunn, *Politics and the Public Interest in the Seventeenth Century* (London: Routledge and Kegan Paul, 1969), p. 36 등을 참조. 또한 Gunn, "'Interest Will Not Lie': A Seventeenth-Century Political Maxim," *Journal of the History of Ideas* 29 (Oct.~Dec. 1968), pp. 551~564도 참조. 관련된 주제에 대한 훌륭한 분석을 Felix Raab, *The English Face of Machiavelli: A Changing Interpretation, 1500~1700* (London: Rout-

앙 공작의 『그리스도교 세계의 군주 및 국가의 이해관계에 관하여』
가 특히 커다란 영향력을 발휘했다. 이 책은 신속하게 번역되었고
많은 논평을 촉발했다. 책의 서두에서 로앙 공작은 '군주는 실수할
수 있으며, 그의 측근들은 매수될 수 있다, 하지만……'Le prince peut se
tromper, son Conseil peut être corrompu, mais……이라는 간결하고도 함축적
인 구절 뒤에 '이해관계만은 결코 과오를 범하지 않는다'l'intérêt seul ne
peut jamais manquer라는 말을 덧붙이는데, 이는 17세기 영국에서 꽤
유행했던 "이해관계는 거짓말하지 않는다"는 말의 유래가 되었다.[n]

로앙 공작은 자신의 에세이에서 이해관계를 왕조의 정책이나 외
교정책의 측면에서 정의했다. 그 개념은 17세기 중반 영국에서 발생
한 혁명과 내전을 거치며 영국 내 당파적인 맥락을 더 강하게 띠었
다. 이제 '영국의 이해관계'는 스페인이나 프랑스와 관련해서가 아니
라, 영국 내에서 벌어지는 권력투쟁의 주역들과 관련해 논의되었다.
이와 마찬가지로, 왕정복고 이후 종교적 관용에 관한 논의들은 장로
교도, 가톨릭교도, 퀘이커교도 등등의 이해관계들과 관련한 영국의
이해관계를 다뤘다. 그 뒤 17세기가 끝날 무렵 정치적 안정이 회복

ledge and Kegan Paul, 1964), pp. 157~158에서 찾아볼 수 있다.
  n 그 공리는 영국의 교구 목사이며 능란하고 유연한 정치인이자 마키아벨리
  와 로앙 공작을 존경하며 그들로부터 빈번하게 아이디어를 차용해 온 마차
  몬트 네덤의 중요한 팸플릿에서 제목으로 사용되었다. 앞서 인용한 J. A.
  W. 건과 펠릭스 랍의 연구를 참조.

되고 종교적 관용의 조치가 보장되면서, 집단과 개인의 이해관계에 대한 논의는 점점 더 경제적 열망의 측면에서 이루어졌다.[o] 18세기 초에 이르면 우리는 섀프츠베리가 이해관계를 "우리가 부족함 없이 살게 해주는, 우리를 부양해 주는, 편의품들에 대한 욕망"으로 정의하고 있으며, "부의 소유"에 대해 우리가 "특히 관심을 가지고 있는 것으로 여겨지는 정념"이라고 말하고 있다는 사실을 발견할 수 있다.[41] 그와 유사하게 흄은 "이해관계의 정념" 또는 "타산적인 감정"을 "재화와 소유물을 얻으려는 …… 탐욕"[42]과 동의어로 사용하고 있다. 이 같은 용어의 진화는 어쩌면 '공공의 이익'public interest의 의미가 같은 방향으로 변화하는 것으로부터 영향을 받았을지도 모른다. '풍요'plenty는 그런 표현에 있어서 점점 더 중요한 구성 요소가 되어 갔다.[p]

o 랍은 '이익'에 대한 긴 서지적 각주의 끝에 다음과 같이 서술한다. "그것은 그 기간[즉 17세기의 마지막 10년]이 끝날 무렵이었다. '이익'이 특별한 경제적 …… 의미를 갖게 되었다." Raab, *The English Face of Machiavelli*, p. 237. 건은 더욱 일반화된 차원에서 이야기한다. "이익은 아주 빠르게 각료 회의장에서 시장으로 향하는 여정을 마무리했다." Gunn, *Politics*, p. 42.

p Gunn, *Politics*, Ch. 5, p. 265. 이것은 중상주의 시대에 권력과 풍요가 대외 정책의 대등한 목표로서 쌍을 이루었음을 보여 준 제이컵 바이너의 유명한 연구와 모순적이지 않다. Jacob Viner, "Power versus Plenty as Objectives of Foreign Policy in the Seventeenth and Eighteenth Centuries," *World Politics* Vol. 1 (1948), reprinted in D. C. Coleman, ed., *Revisions in Mercantilism* (London: Methuen, 1969), pp. 61~91 참조.

프랑스에서는 위대한 세기le grand siècle*의 정치적 조건으로 말미암아 사적인 또는 집단의 이해관계들을 공적 이익과의 관계 속에서 체계적으로 검토하기가 어려웠다. 그럼에도 엥테레intérêt라는 용어의 이력은 그것의 영국 사촌[인터레스트interest]의 이력과 유사하게 전개되었다. 이해관계라는 개념, 즉 누군가의 권력, 영향력, 부를 증진하는 것이 무엇인지에 대한 진지한 고찰은 마키아벨리 이후 정치적 저작물들에서 탐구되어 왔는데, 그 개념은 17세기 초부터 일반적으로 사용되기 시작했고, 곧 그 시기의 위대한 모럴리스트들과 그 밖의 작가들에 의해 개별적인 인간 본성을 섬세하게 해부하는 도구가 되었다. 등장인물들이 국왕과 완전히 같은 범주, 다시 말해 부뿐만 아니라 권력과 영향력에 더 관심을 가졌던 것은, 어쩌면 이 작가들이 다루었던 무대가 대체로 루이 14세의 궁정이었기 때문일지도 모른다. 이런 이유에서 이해관계는 대체로 대단히 포괄적인 의미로 사용되었다. 그러나 프랑스와 영국의 역사가 한데 수렴하던 그때조차도, 이해관계는 몇 가지 과정을 거치며 물질적이고 경제적인 이득의 추구로 그 의미가 협소해지고 있었다. 우리는 이것을 라로슈푸코의 책 『잠언과 성찰』Reflexions ou Sentences et Maximes Morales의 2판(1666

• 앙리 4세, 루이 13세, 루이 14세에 이르는, 1598년부터 1715년까지 시기를 뜻한다. 권력의 중앙 집중화를 통해 정치적 안정을 회복한 프랑스는 종교적 관용을 통해 사회 혼란을 수습하고 경제 발전과 더불어 궁정 중심의 상류 문화를 발전시켰다.

년) 서문인 「독자를 위한 조언」Advice to the Reader을 통해 추론해 볼 수 있다.

> 나는 이해관계라는 단어를 언제나 부와 관련된 것으로 이해하지 않으며, 그보다는 명예나 영광과 관련된 이해관계를 의미하는 경우가 가장 빈번하다고 생각한다.[43]

독자들의 오해를 막기 위한 이 경고는 매우 짧은 서문에서 건질 만한 유일한 대목이다. 분명, 『잠언과 성찰』의 평균적인 독자들에게, '이해관계'라는 단어는 경제적 이득이라는 좀 더 제한적인 의미로 받아들여지기 시작했던 것이다.

그 무렵 리슐리외의 비서이자 호교론자였던 장 드 실롱은 한 논고에서 인생과 사회를 유지하는 데 이익이 수행하는 긍정적인 역할을 강조하면서도, 이 같은 의미의 변화를 지적하며 개탄했다. 그는 "양심의 이익, 명예의 이익, 건강의 이익, 부의 이익, 그 외 다양한 이익" 등과 같이 다양한 이익들을 나열한 뒤, '이해타산적 인간'과 같은 표현에 호의적이지 않은 의미가 부여된 것은, "나로서는 이유를 알 수 없지만, 부의 이익에 대해서만 이익이라는 이름이 붙었기"[44] 때문이라고 주장했다.

실제로 우리는 이런 흐름을 어떻게 설명할 수 있을까? 어쩌면 그것은 대부[업]money-lending와 이자[이익]interest 사이의 오랜 연관 때문일 수도 있다. 이자라는 의미는 여기서 논의되고 있는 [이익이라는]

의미보다 몇 세기를 더 거슬러 올라가니 말이다. 이익이라는 개념 속에 암묵적으로 전제되어 있는 이성적 계산은 경제활동의 본질과 특별한 친화성을 가지고 있기 때문에, 이런 경제적 활동이 그 개념의 내용을 결국 독점했을 가능성도 있다. 다시 17세기 프랑스로 돌아가 보면, 당시는 권력이 중앙에 집중되어 있었고, 겉보기에는 너무도 안정적이었기 때문에, 평범한 사람들이 품을 수 있는 모든 열망 가운데 그 부침이 가시화될 수 있을 만한 영역은 오직 경제적 이해관계들뿐이었으리라고 추측할 수도 있다.

실제로 애덤 스미스는 자신이 인간의 지배적 동기로 간주하는 것, 다시 말해 "우리가 처한 조건을 개선하고자 하는 욕망"을 말할 때, 이 점을 일반적 명제로서 서술했다.

> 재산의 증식은 대부분의 사람들에게 자신의 처지를 개선하려는 수단이다. 그것은 가장 통속적이고 가장 분명한 수단이다. ……[45]

일단 경제성장이 시작되고 "재산의 증식"이 점점 더 많은 사람들 사이에서 현실로 가능해지면, '이해관계들'의 의미가 [경제활동의 맥락으로] 축소되어 가는 것을 그 이외의 다른 요인을 통해 설명할 필요는 없어 보인다.[q]

---

q '부패' 또한 비슷한 의미론적 궤적을 보여 주었다. 폴리비오스로부터 그 개념을 빌려온 마키아벨리는 본인의 저작에서 정부의 질적 저하와 관련해 그

이제 많은 것들이 분명해진다. 즉 사람들의 이해관계들이 그들의 정념과 대립하는 것이 되었을 때, 그런 대립은 이해관계들이라는 것이 더 넓은 의미나 더 좁은 의미로 이해되느냐에 따라 전혀 다른 의미를 가졌을 것이다. "이해관계는 거짓말하지 않는다"와 같은 격언은 본래 갈망하는 모든 것을 순서에 따라 합리적인 방식으로 추구하라는 권고였다. 이 격언은, 인간의 행동에 기본적인 동기를 부여하는 정념이 무엇이든 간에, 거기에는 효율성의 계산과 더불어 분별력이라는 요소가 도입되어야 한다는 뜻이었다. 그러나 앞서 지적한바 '이해관계'라는 용어의 의미변화 때문에, 이해관계와 정념의 대립 역시 다른 사고방식을 의미하거나 시사하게 되었는데, 이는 전통적인 가치를 고려할 때 훨씬 더 놀라운 것이었다. 다시 말해, 인색함, 탐욕, 또는 부에 대한 갈망 등으로 여겨졌던 일군의 정념은 야망, 권력에

원인이 뭐가 됐건 'corruzione'라는 단어를 사용했다. 18세기 영국에서도, 비록 그 무렵부터 뇌물과 연관된 무언가로 인지되기 시작하긴 했으나, 그 개념은 여전히 포괄적인 의미로 사용되었다. 결국에는 화폐적인 의미가 비화폐적인 의미를 거의 완전히 몰아내기에 이른다. 이것은 '재산'[부]이라는 용어에서도 발생한 일인데, 앞서 인용된 문장에서 애덤 스미스가 '재산'for-tune을 말할 때 그것이 지니는 엄격하게 화폐적인 의미를 마키아벨리가 사용하는 '포르투나'fortuna의 훨씬 넓은 의미의 폭과 비교해 볼 수 있는 것이다. J. G. A. Pocock, "Machiavelli, Harrington, and English Political Ideologies in the Eighteenth Century," *William and Mary Quarterly* 22 (Oct. 1965), pp. 568~571, 그리고 J. G. A. Pocock, *The Machiavellian Moment* (Princeton, N.J.: Princeton University Press, 1975), p. 405 [『마키아벨리언 모멘트 2』, 곽차섭 옮김, 나남, 2011, 127~128쪽] 참조.

대한 갈망 또는 성욕과 같은 정념들에 대항하고 이를 억제하기 위해 유용하게 사용될 수 있었다.

이 분기점에서, 그때까지 발전해 왔던 대항하는 정념과 이익에 관한 교의라는 사고방식의 열차들이 같은 선로 위에 오르게 되었다. 두 가지 학설 모두 마키아벨리에 그 기원을 두고 있지만, 그 최종적 결합물은 탐욕을 특권적 위치의 정념으로 승격해 야생의 정념을 길들이고 통치술에 결정적으로 기여하게 하는 것이니, 정작 마키아벨리가 알게 되었다면 매우 놀라고 또 격분했을 것이다. 그의 친구 프란체스코 베토리Francesco Vettori에게 보낸 유명한 편지를 보면, 마키아벨리는 경제와 정치가 별도의 영역에 자리 잡는다는 자신의 믿음을 전혀 의심하지 않았다.

> 운명은 내가 비단이나 양모를 짜는 기술에 대해 문외한이 되고, 이윤을 남기는 일이나 손해를 보는 일에도 젬병이 되게 했지만, 국가에 대해 추론하는 일에는 적합하도록 만들었다.[46]

마키아벨리에게 유효한 것은 여기서 서술된 추론의 사슬 안에 중요한 연결 고리를 만든 다른 많은 이들에게도 유효하다. 일반적으로 지금까지 전개된 이야기는 인간의 행위와 마찬가지로 인간의 사고(와 언어를 통해 사고에 주어지는 틀)로부터 어떻게 의도하지 않은 결과가 발생하는지를 분명히 보여 준다. 17세기에 출간된, 정념들에 관한 수많은 논고들을 보면 탐욕은 "그 모든 것들 가운데 가장 추악한"

것으로 간주되거나, 중세 말기에 거론된 일곱 가지 대죄 가운데 가장 나쁜 것으로 간주되고 있으며, 여기에는 그 어떤 변화도 보이지 않는다.[47] 그러나 돈벌이가 '이해관계들'이라는 이름표를 달고 변장한 채 다른 정념들과 다시 경쟁하게 되면서, 갑자기 칭송받게 되었으며, 심지어 이전까지 오랫동안 훨씬 덜 비난받을 만한 것으로 간주되었던 여타의 정념들을 저지하는 과제를 떠맡게 되었다. 새롭고 비교적 중립적이며 치우치지 않은 용어를 통해 기존의 명칭에 부여된 낙인을 걷어 내거나 약화할 수 있었다는 점을 지적하는 것으로는 이 같은 전복적 의미변화를 충분히 설명할 수 없다. '이해관계들'이라는 용어가 공적인 영역뿐만 아니라 사적인 영역에서도 인간사를 처리하는 좀 더 계몽적인 방식과 긴밀한 연관을 맺게 되면서 긍정적 [적극적]이고 치료적인 의미를 갖게 되었으며, 그리하여 돈벌이 행위에도 그런 뜻이 부여되었다는 증거를 제시함으로써, 우리는 전복적 의미변화에 대한 좀 더 강력한 설명을 제공할 수 있을 것이다.

새로운 패러다임으로서 이해관계들

내가 알고 있는 한, 이해관계들과 정념들을 대립시키는 발상은 우리가 앞서 언급했던 로앙 공작의 저작에서 처음 등장했는데, 로앙 공작의 저작은 전적으로 통치자 및 정치가를 염두에 두었다. 이후 수십 년 동안 영국과 프랑스의 저술가들은 이 같은 이분법을 인간의 행위 전반에 적용했다.

논의가 이렇게 진행되는 상황은 지성사에서 친숙한 현상이다. 즉 일단 이해관계라는 발상이 등장하고, (토머스 쿤Thomas Khun 식으로 말하자면) 그것이 일종의 패러다임이 될 뿐만 아니라 대유행이 되면서, 갑자기 거의 모든 인간 행위가 때로는 동어반복 수준에 이를 정도로 자기 이익을 통해 설명되기 시작했다. 라로슈푸코는 정념들과 모든 덕목들을 자기 이익으로 분해했고, 영국에서는 홉스가 그와 유사한 환원주의적 기획을 수행했다. 이 같은 진전과 함께, 이해관계가 아닌 다른 동기에서 비롯된 행동 방침에 우선해, 이해관계를 먼저 신중히 계산한 다음, 그것에 따라 행동해야 한다는 규범적 의미를 지녔던 "이해관계는 거짓말하지 않는다"라는 격언은 17세기가 끝날 무렵이 되자 "이해관계가 세상을 다스린다"[48]라는 긍정적[적극적] 금언으로 바뀌었다. 이해관계가 인간 행동을 이해하는 열쇠라는 발상은 18세기까지 열광적으로 이어져, 가령 엘베시우스는 정념을 찬양하는 사람이었음에도 이렇게 선언하고 있었던 것이다.

> 물리적인 세계가 운동 법칙에 지배되는 것처럼, 정신적인 세계는 이해관계의 법칙에 의해 지배된다.[49]

최근 계급, 엘리트, 경제 발전 등과 같은 개념들이 갑자기 무대의 한복판으로 솟아오를 때 그랬듯이, 이해관계 역시 너무도 자명한 관념으로 여겨졌고, 그렇기에 그 누구도 그것에 대한 정확한 정의를 애써 내리려 하지 않았다. 또한 플라톤 이래로 인간의 동기에 대한 분석에서 지배적인 범주 역할을 해왔던 정념과 이성 가운데 이해관계가 어느 편에 서야 하는지에 대해 설명하는 사람도 없었다. 그러나 바로 이 같은 전통적인 이분법을 배경으로 해서만, 제3의 범주가 16세기 후반부터 17세기 초반에 걸쳐 출현한 것을 이해할 수 있다. 정념에 파괴적 경향이 있고 이성이 무기력하다면, 인간의 행위가 이 두 요소 가운데 하나를 통해 전적으로 설명될 수 있다는 관점은 인간성에 대한 지극히 암울한 전망으로 이어질 수밖에 없음을 의미했다. 그러므로 인간의 동기를 설명하는 전통적인 두 범주 사이에 이해관계라는 쐐기를 박음으로써 희망의 메시지가 전달되었다. 이해관계는 결과적으로 이성과 정념의 더 나은 성질을 취하는 것으로 여겨졌다. 그래서 자기애라는 정념은 이성에 의해 억제되고 승격되었으며, 이성은 이 정념을 통해 방향성과 추동력을 얻었다. 그 결과로 생겨난 인간 행동의 혼합적 형태는 정념의 파괴성과 이성의 무기력함 양자에 구애받지 않는 것으로 간주되었다. 이해관계라는 학설이 그당시 진정한 구원의 메시지로 받아들여진 것은 전혀 놀랄 일이 아닌 것이다! 이해관계라는 개념이 이토록 호소력이 커진 구체적인 이유는 다음 절에서 세부적으로 살펴볼 것이다.⌐

⌐ 루이스 하츠는 "인간이 자기 이익의 기초 위에서 자율적으로 일한다는 자유주의자들의 우울한 관점"을 언급하며 그것을 "인간이 오직 외부로부터 지배당하기에 적합하도록 만들어져 있다는 중세인들의 우울한 관점"과 비

물론 모든 사람이 이제 모든 문제가 해결되었다고 생각한 것은 아니었다. 우선 새로운 인간 행동의 원리에 저항하고 그것을 단호하게 거부한 사람들이 존재한다. 성 아우구스티누스를 신실하게 흠모하던 사람답게, 보쉬에*는 정념이든 이해관계이든 크게 다를 바 없다고 생각했다. 그는 "이해관계와 정념 모두 사람을 타락시키는 것"으로 보았기에, 프랑스 궁정이 "이해관계들의 제국"과 "정념의 극장"이 되고자 하는 유혹에 맞서야 한다고 경고하기도 했다.[50]

하지만 이렇게 부정적인 입장은 예외적인 것이었다. 일반적으로 새로운 학설을 비판하는 사람들은 이성적이고 숙고에 기반한 '자기애'라는 의미의 이해관계가 정념의 상대가 될 수 있다는 주장에 대해 의심을 품었다. 가령 스피노자의 시각은 이러했다.

> 모든 사람은, 진실로, 자신의 이해관계를 추구하지만, 결코 건전한 이성의 지령에 따라 그리하는 게 아니다. 왜냐하면 그들이 추구하고 유익한 것으로 판단하는 대부분의 목표들은 오로지 세속적인 욕망에 의해서만 결정되며, 그들은 미래나 다른 중요 사항을 고려하지 않는 자

교하는 비역사적 시각을 취한다. Louis Hartz, *The Liberal Tradition in America* (New York: Harcourt, Brace and World, 1955), p. 80. 인간이 이익에 의해 지배된다는 관념은 원래 그리 우울하게 받아들여지지 않았다.

* 자크베니뉴 보쉬에(1627~1704). 프랑스의 가톨릭 신학자. 루이 14세의 태자를 교육한 사부이기도 한 그는 열정적으로 개신교를 배격한 바 있다.

신의 정념들에 휘둘리기 때문이다.[51]

그 밖에도 우리는 이해관계의 탁월성이 정념의 압도적인 간섭 때문이 아니라 자신의 이해관계를 지각하는 인간의 무능력 때문에 도전받는 경우를 발견했다. 그러나 이번에도 이 추론이 의미하는 바는 이해관계를 분명히 지각하고 따르는 상태가 가장 선망할 만하다는 점이다. 이 같은 결론은 핼리팩스 후작의 다음과 같은 역설적인 발언에서 볼 수 있다.

> 만약 인간이 언제나 자신의 진정한 이해관계들을 따르는 것으로 간주되어야 한다면, 전지전능한 신이 인류를 새롭게 창조했음에 틀림없다. 옛날의 그 재료로는 그처럼 무류無謬한 피조물을 결코 만들 수 없었을 테니, 새로운 진흙이 틀림없이 있을 것이다.[52]

프랑스에서는 레츠 추기경*이 새로운 학설doctrine에 경의를 표하면서도, 뛰어난 심리학적 통찰을 통해 정념을 제외하는 것에 대해서는 경고를 했다.

---

* 레츠 추기경(1614~79). 파리의 대주교. 본명은 장 프랑수아 폴 드 공디이며, 대대로 파리의 대주교를 배출한 가문의 자손이었다. 현실 정치에 깊숙이 개입해 활동했으며 수려한 문장으로 이름을 날렸다.

인간의 의도를 정확하게 평가하는 가장 적절한 준칙은 인간 행위의 가장 보편적인 동기라 할 수 있는 그들의 이해관계를 살펴보는 것이다. 그러나 진정으로 예리한 정치인은 인간의 정념으로부터 끌어낼 수 있는 추측을 전적으로 기각하지는 않는다. 왜냐하면 정념은 한 국가의 가장 중요한 사안들을 추진하는 동기들에 때로는 매우 공개적으로 개입하지만, 거의 대부분의 경우에는 무의식적으로 영향을 미치기 때문이다.[s]

스피노자와 핼리팩스가 그랬듯이, 레츠 추기경 역시 정념이 침범하는 세계가 이해관계가 지배하는 세계보다 혼란스럽다고 여전히 생각한 듯 보인다. 수십 년 뒤 라브뤼예르[*]는 인간의 행동을 결정하는

---

s Cardinal de Retz, *Mémoires* (Paris: Pléiade, NRF, 1956), pp. 1008~1009. 레츠 추기경은 다른 곳에서도 비슷하게 서술하고 있다. "이 시대 …… 우리가 살고 있는 시대에 사람들의 행태에 대해 판단을 내리기 위해서는 그들 각자가 스스로의 이익을 향해 쏠려 있는 경향에 동참하고 [정념과 이익이 -옮긴이] 혼잡하게 뒤엉킨 속에서 판단을 뽑아내야만 한다." 같은 책, p. 984. 한 세기가 지난 뒤, 또 다른 현실 정치인이며 사색가였던 알렉산더 해밀턴은 놀라우리만치 유사한 의견을 표명한다. "비록 국가 경영의 주된 원리는 이익이라 추정되는 무언가를 따르지만, 그[통치자 -옮긴이]는 …… [선량한 혹은 선하지 않은] 본성이 자기 이익의 관점을 알게 모르게 형성하거나 편견을 주입할지 모를 일이니, 인간의 본성에 대해 불완전하게나마 정통해야만 한다." Gerald Stourzh, *Alexander Hamilton and the Idea of Republican Government* (Stanford, Calif.: Stanford University Press, 1970), p. 92에서 인용.

* 장 드 라브뤼예르(1645~96). 프랑스의 모럴리스트. 17세기에 활동하며 18세기의 계몽사상의 선구자 역할을 한 것으로 평가받는다.

요인으로서 이해관계들과 정념들 모두에 [비슷한] 비중을 할당해야 한다는 레츠 추기경의 의견에 대체로 동의하면서도, 이와 동시에 새로운 삼각관계ménage à trois의 존재를 명료하게 인식했다.

> 정념은 이성을 손쉽게 제압한다. 정념이 거두는 최대의 승리는 이해관계를 이기는 것이다.[53]

아마도 여기서 중요한 것은 라브뤼예르가 냉정한 거리를 두는 듯한 태도를 취하고 있다는 점이다. 앞서 지금까지 인용된 견해와 대조적으로, 브뤼예르는 정념이 이해관계들에 맞서 간헐적으로 승리를 거두는 것에 대해 그 어떤 애석함도 내비치지 않으니 말이다.

18세기에 이해관계를 최상의 원리로 바라보는 시각은 훨씬 더 강하게 비판받았다. 여기 두 개의 대표적인 입장이 있으니, 아래에서 첫 번째 것은 섀프츠베리의 것이고, 두 번째 것은 버틀러 주교가 내놓은 것이다.

> 이해관계가 세상을 지배한다는 속담을 …… 들어 보았으리라. 그러나 세상사를 꼼꼼히 들여다본 사람이라면, 정념, 유머, 변덕, 열의, 파벌, 그 밖에 천여 개의 여타 동기들이 자기 이익에 반하는 방향으로 나아가며 이 기계[세계 -옮긴이]의 운동에서 상당히 중요한 부분을 이룬다는 사실을 발견할 수 있으리라고, 나는 믿는다.[54]

우리는 매일같이 [합리적인 자기애가] 더욱 거친 정념뿐만 아니라, 호기심, 수치심, 모방에 대한 욕구 등등에, 심지어 게으름에 의해 압도되는 것을 목도한다. 특히 자기애의 목적인 이익, 현세의 이익이 멀게 느껴질 경우 더욱 그렇다. 그러므로 자신이 전적으로 이해타산적이고 자기애에 따라 움직인다고 주장하는 방탕한 사람은 상당한 착각을 하고 있는 셈이다.[55]

이 두 문단에서 새롭게 강조하고 있는 바는 17세기부터 18세기에 걸쳐 정념을 대하는 태도가 확연히 달라졌다는 점에 비추어 해석되어야만 한다. 정념은 처음에 전적으로 포악하고 파괴적인 것으로 간주되었는데, 이는 프랑스의 어떤 교리문답서에서 인용한 다음 문장에서 잘 드러나고 있다. "프랑스 왕국은 전제정이 아니다. 전제정 아래에서 군주의 행동은 오직 그의 정념의 인도를 받는다."[56] 그러나 17세기가 끝날 무렵부터 그리고 18세기 동안에는 좀 더 전면적으로, 정념은 삶의 요체이자 잠재적으로 창조적인 힘을 가진 것으로 복권되었다. 앞선 시대에 이해관계들이 인간의 행동을 전적으로 조형한다는 명제는, 정념을 여전히 고려해야만 한다는 이유로 비판받았는데, 이런 비판은 앞의 명제[이해관계가 인간의 행동을 전적으로 조형한다]가 함의하는 세계보다 현 세계가 더 나쁜 곳이라는 가정에 기반한 것이었다. 그러나 18세기에 정념이 복권되면서, 동일한 비판이 이번에는 정념이 능동적인 역할을 하고 가끔은 지배적인 역할도 하는 세계가 이해관계만이 결정권을 가지는 세계보다 좋은 곳임을 의미할 수 있게 되었다. 섀프츠베리와 버틀러가 유머나 호기심 같은 무해하고 때로는 유용한 정서와 정념을 나란히 놓은 것은 이런 해석을 시사한다고 할 수 있다. 이는 17세기에 매우 특징적이었던 인간과 사회에 대한 비극적이고 비관적인 시각에 대한 계몽주의적 거부에 그 뿌리를 두고 있다. 이해관계만이 지배하는 세계를 정념이 개선할 수 있으리라고 보는 새로운 시각은 다음처럼 흄에 의해 완전하게 서술되고 있다.

> …… 국가이성이 군주의 조언자들에게 영향을 미치는 유일한 것으로 생각되고 있지만, 그곳을 늘 지배하고 있는 원동력이라고 할 수는 없다. …… 사인들private person 사이에서뿐만 아니라 군주들 사이에서도 감사, 명예심, 우정, 관대함 등과 같은 좀 더 온화한 관점들이 이기적인 사고[고려 사항 –옮긴이]에 대항하는 일이 종종 벌어진다.[57]

일단 이해관계들의 의미가 물질적인 이득으로 좁혀지고 나니 "이해관계가 세상을 지배한다"는 발상은 이전에 가졌던 호소력을 상당 부분 상실하게 되었다. 그 문구는 탄식 또는 냉소주의적 비난으로 바뀌었는데, 그 무렵 프리드리히 실러의 희곡 『발렌슈타인의 죽음』 *Wallenstein's Tod*에서 한 등장인물은 이렇게 외치고 있었던 것이다.

Denn nur vom Nutzen wird die Welt regiert.[t]

이것은 명백하게 17세기 속담을 번역한 것인데, 실러는 그 시대의 사건을 다루는 작품에 당시의 속담을 열심히 사용했던 것으로 보인다. 단 한 가지 문제가 있다면, 프리드리히 실러가 저 말에 덧붙인 경멸 어린 의미는 18세기의 이데올로기적 흐름에 따라 발렌슈타인 시대에 같은 속담에 담긴 의미와 전적으로 달라졌다는 것이다!

이해관계가 지배하는 세상이 가진 자산 : 예측 가능성과 항상성

이해관계가 인간 행동의 지배적 동기로 간주될 수 있다는 믿음은 상당한 지적 흥분을 야기했다. 지속 가능한 사회질서의 현실적 토대가 드디어 발견되었으니 말이다. 그러나 이해관계가 지배하는 세계는 '누구도 본 적 없고 실존한다고 알려진 적도 없는' 국가 모델, 곧 요구 조건이 많고 까다로운 국가 모델로부터의 탈출구만을 제공한 것이 아니었다. 그런 세계는 그 자체로 몇 가지 구체적인 자산[장점] asset을 지닌 것으로 간주되었다.

이런 자산들 가운데 가장 일반적인 것이 예측 가능성이다. 마키아벨리는 인간의 본성이 균일하다는 가정으로부터 정치에 대한 매우

---

t 1막 6장 37행. "이 세상은 그 무엇도 아닌 이해관계에 의해 지배되기 때문입니다." 여기서 '오직' 또는 '그 무엇도 아니라 오직'이라는 뜻을 지니는 'nur'라는 단어가 삽입되면서 이 속담의 의미변화는 강하게 지지받고 있다.

설득력 있는 몇 가지 명제를 추출해 낼 수 있음을 보여 준 바 있다.[58] 그러나 인간은 "은혜를 모르고, 변덕스럽고, 위선적이고, 가식적이며, 위험은 감수하려 하지 않으면서 이해관계에는 밝다"*는 그의 진단은 너무도 비관적이었기에, 널리 받아들여지기 어려웠다. 인간이 자신의 이해관계가 명령하는 바에 의해 어김없이 인도된다는 발상은 훨씬 더 광범위한 동의를 받을 수 있었으며, 이 같은 발상에 대한 미미한 불쾌감조차 세상이 이런 식으로 작동하면 좀 더 예측 가능해진다는 기분 좋은 생각을 통해 떨쳐 버릴 수 있었다. 「이해관계는 거짓말을 하지 않는다」Interest Will Not Lie라는 소책자는 이 점을 강조하고 있다.

> 현재 진행 중에 있는 어떤 특정 사업game에 대해 한 사람의 이익이 어디에 있는지 당신이 파악할 수 있다면, 그 사람이 분별력이 있는 한, 당신은 그의 행보에 대해, 다시 말해 그의 계획을 어떻게 판단할 것인지 확실히 알 수 있을 것이다.[59]

이와 비슷한 발상을 왕정복고 이후에 종교적 관용을 옹호하는 작품 속에서도 확인할 수 있다. 한 소책자는 다음과 같이 말하고 있다.

---

* 『군주론』, 박상훈 옮김, 최장집 한국어판 서문, 후마니타스, 2014, 272쪽.

······ 대중이 자신의 이해관계들에 반해 행동한다고 추정하는 것은 인간사 가운데 확실한 것을 모두 제거하는 것이다.[60]

이후 제임스 스튜어트 경*은 같은 논리를 동원해, 자기 이익의 지배를 받는 개인의 행동이, 정념의 지배나 유덕한 행동보다 더 좋을 뿐만 아니라, 특히 '피지배자들'의 공익에 관심을 두는 행위보다 더 좋다고 주장했다.

만약 기적이 매일매일 벌어진다면, 자연법칙은 더는 법칙이 아닐 것이다. 또한 모든 이들이 공적인 것을 위해 행위하고 자기 자신의 이해관계를 등한시한다면, 정치가는 혼란스러워할 것이다. ······

······ 인민이 자신의 이해관계에 너무나 관심을 두지 않게 된다면, 그들을 통치할 수 없을 것이다. 모든 사람이 자기가 살고 있는 국가의 이

---

* 제임스 스튜어트(1713~80). 스코틀랜드의 경제학자. 스코틀랜드 출신 자코바이트Jacobite(명예혁명으로 축출된 제임스 2세와 그 후손을 영국의 정통 군주로 지지하는 세력)였다. 자코바이트 반란이 실패하고 1745년 파리로 망명한 뒤 1771년 사면될 때까지 유럽 대륙을 떠돌며 생활했다. 그가 1767년 출간한 『정치경제학 원리 연구』는 스코틀랜드의 경제학자가 쓴 책 중 최초로 제목에 '정치경제학'이라는 용어를 사용한 책으로, 동시대의 흄이나 애덤 스미스와 달리 중농주의가 아닌 중상주의적 관점에서 집필되었으며, 오늘날은 중상학파의 마지막 인물로 평가받는다.

익을 각기 다른 견지에서 이해할 수 있고, [이를 토대로 가기 다른 방식으로 -옮긴이] 국익을 촉진하기 위해 노력함으로써, 국가를 망치는 데 가담할 수 있다.[61]

그러므로 한편으로 누군가가 자신의 이해관계를 추구한다면, 정의상 "이해관계는 거짓말을 하거나 자신을 속이지 않"[62]을 것이니, 그 속담의 말뜻 그대로 그는 자신의 이해관계를 잘 추구해 갈 것이다. 다른 한편 그가 자신의 이해관계를 추구하면 이는 다른 사람들에게도 이익인데, 왜냐하면 그는, 마치 전적으로 덕을 갖춘 사람처럼, 완전히 투명하고 예측 가능한 방침에 따라 행동할 것이기 때문이다. 이런 식으로 해서, 상호 이득의 가능성이 정치[학] 내에서 기대되는 이해관계의 작동으로부터 출현했는데, 이는 상호 이득이 경제학의 중요한 학설로 등장하기 한참 전의 일이었다.

물론 이 같은 생각에는 심각한 문제가 여럿 있었다. 첫째, 예측 불가능성이 힘의 원천이라는 근대적 반론이 당시에도 이미 목소리를 내고 있었다. 전반적으로 이해관계라는 학설을 충실히 따르면서도 새뮤얼 버틀러는 어리석고 무능한 정부 관료들에 대해 다음과 같이 말했다.

[그들에게는 -옮긴이] 좀 더 현명하고 좀 더 중요한 사람에 비해 한 가지 강점이 있다. 좀 더 현명한 이가 자신의 이해관계에 따라 어떤 계획을 수립할지 예상하는 것은 어려운 일이 아닌 반면, 그들[어리석고 무능한

정부 관료 –옮긴이]이 어떤 일을 어떤 식으로 대처할지는 그 누구도 사전에 추측하거나 상상할 수 없다.[63]

모든 당사자들이 한결같이 각자의 이해관계를 추구하는 상황으로부터 상호 이득이 발생할 수 있다는 주장에 대한 좀 더 중요한 반론은, 국제정치에서 주요 당사자들의 이해관계가 종종 서로 완전히 대립한다는 사실로부터 파생되었다. 한 세력의 이해관계가 그 주요 경쟁 세력의 이해관계와 거울상을 이룬다는[좌우가 바뀐, 곧 이해관계가 일치하지 않는다는] 사실은, 로앙이 자신의 글에서 프랑스와 스페인의 사례를 통해 지겨울 만큼 보여 주었다. 하지만, 이런 상황 속에서도, 일정한 게임의 규칙을 준수하고, 이해관계의 합리적 추구가 함축하는 대로 '정념에 사로잡힌'passionate 행동을 제거함으로써, 이 두 이해 당사자는 무언가를 얻는 것으로 간주되었다.

당사자들이 전반적으로 이득을 볼 수 있는 가능성은 그 [상호 이득의] 학설이 국내 정치에 적용될 때 약간 더 커졌다. 영국에서 '권력의 균형'이라는 개념을 낳았던 이해관계들의 균형이라는 관념은, '이해관계'라는 용어와 마찬가지로 통치술과 관련된 애초의 맥락에서 벗어나 갈등에 시달리는 국내 정치의 현장으로 이전되었다. 왕정복고 이후 그리고 종교적 관용을 둘러싼 논쟁이 제기되는 동안, 다양한 이해관계와 여기서 생겨나는 긴장으로부터 공공의 이익이 증대된다는 논의가 활발히 전개되었다.[64]

그러나 이해관계에 기반한 인간 행위의 예측 가능성으로부터 파생되는 편익benefits은 그 개념이 개인들 사이의 경제적 활동과 연관해 사용되었을 때 가장 커보였다. 거래[교역]에서 나타나는 이해관계들의 상충은 행위자의 숫자가 많기 때문에, 두 인접 국가 사이에서, 또는 한 국가 내 소수의 경쟁하는 정파들이나 종파들 사이에서 발생하는 이해관계의 상충처럼, 전면적이거나, 두드러지거나, 위협적인 것이 아닐 수 있었다. 그러므로 경제적 이해관계들에 따라 예측 가능한 방식으로 행동하는 개인들은 불안한 균형이 아니라, 강력한 상호의존적 관계들의 그물망을 낳았다. 그리하여 해외무역의 증가가 당사국들 사이의 전쟁을 피하는 데 도움이 될 것이라면, 국내 교역의 증가는 좀 더 응집력 있는 공동체를 창출할 것으로 기대되었다.

이 시점에서 경제 학설들의 역사적 궤적에 대해 간략하게나마 언급해 볼 수 있을 것 같다. 중상주의적 학설에 관한 저작들에 따르면, 흄과 애덤 스미스 이전의 경제사상은 교역을 엄격한 제로섬게임으로 간주해 왔는데, 이를테면 수입보다 수출이 많은 국가에는 이득이 생기는 반면, 반대 입장의 국가에는 이에 상응하는 손실이 생긴다고 보았다. 그러나 17세기와 18세기의 저작들에서 표현된 무역수지[균형]trade balance에 대한 논의만이 아니라, 상업과 무역 일반에 대한 고찰 역시 살펴본 사람이라면, 당시에도 교역 확대에 따른 전반적인 편익 효과에 대한 기대가 널리 퍼져 있었다고 결론을 내릴 것이다. 그런 효과는 순수하게 경제적이라기보다 많은 경우 정치적·사회적이며 심지어 도덕적인 것이었는데, 그중 몇 가지에 대해서는 뒤에서 검토할 것이다.

예측 가능성의 가장 기초적인 형태는 항상성[불변성]인데, 아마도 이 같은 성질로 말미암아 이해관계가 지배하는 세상이 환영받을 수 있었을 것이다. 정념에 사로잡힌 행동들에서 대체로 나타나는 성격인 변덕과 동요는 많은 경우 정념에 사로잡힌 행동의 가장 못마땅하고 위험한 특징 가운데 하나로 강조되어 왔다.

정념은 (홉스 식으로 말하자면) "잡다하"divers며 변덕스럽고 쉽게 소진되었다가 갑자기 회복된다. 스피노자에 따르면,

> 정념에 사로잡힌 한 …… 사람들은 본성 면에서 서로 다를 것이며, 그래서 동일인이 정념에 사로잡힌 한 그는 가변적이고 변덕스럽다.[65]

인간의 본성(및 그에 따른 '자연 상태')에 대한 마키아벨리와 홉스의 극단적으로 비관적인 입장이 좀 더 온건한 시각에 자리를 내어 준 17세기 후반 이후, 변덕스러움inconstancy이 지속 가능한 사회질서의 중심적인 난제로 전면에 부각되었다. 17세기 사회계약설의 중요한 관점 가운데 하나인 푸펜도르프*의 학설은 인간의 "충족되지 않는 욕망과 야심"을 여전히 홉스 식으로 참조하지만, "한 사람이 다른 이

---

* 사무엘 푸펜도르프(1632~94). 독일의 법학자. 근대적 자연법론을 개척한 사람으로 평가받는다. 인간의 본성을 자연적 상태로 전제하며 그런 자연법을 실현하는 것을 국가의 목적이라고 주장했다. 그의 학설은 한 세기 이상 독일의 법학과 법철학, 국가론 등에 영향을 주었다.

와 맺는 관계는 통상적으로 '변덕스러운 친구' 관계와 같다"[66]는 사실, 즉 인간의 변덕스러움과 신뢰할 수 없는 속성을 계약의 필요성의 기반으로 삼고 있다.

이 학설은 근본적으로 로크에 의해 수용되었는데, 로크는 푸펜도르프가 자신의 정치사상에 끼친 영향을 솔직하게 인정하고 있다.[67] 로크는 자연 상태를, 일부 비평가들의 지적처럼 '목가적'이지는 않더라도, 최소한 원시 상태에서 벗어나 사유재산, 상속, 상업, 심지어 화폐를 갖추고 있을 만큼 활기 넘치는 것으로 이해했다. 그러나 로크의 자연 상태가 이상하게도 너무나 '발전된' 단계에 있었던 까닭에, 그 성취물을 항구적으로 보장해 줄 수 있는 계약을 통해 그것을 확고히 보호할 필요가 생겼다. 로크 식의 사회계약은 "[자연 상태에서] 타인의 위반 행위를 처벌할 권한이 불규칙적이고 불확실하게 행사됨으로써 생기는 폐단"[68]을 없애기 위한 것이었다. 다른 곳에서 로크는 "정부의 통치하에서의 자유"란 "다른 인간의 변덕스럽고, 불확실하고, 알려지지 않은 자의적 의지에 종속되지 않는 것"[69]을 의미한다고 적었다. 일반적으로 불확실성, 그리고 특히 변덕은 가장 먼저 제거되어야 할 주적이 되었다. 비록 로크가 변덕의 발생을 막기 위해 이해관계에 호소했던 것은 아니지만, 그가 건설하고자 했던 국가Common-wealth와 이해관계로 다스려지는 17세기의 세계 이미지 사이에는 분명한 유사성이 존재한다. 왜냐하면 정념에 현혹되어 눈먼 사람의 전형적인 행동과는 완전히 반대로, 자신의 이익을 추구하는 과정에서 인간은 확고하고, 성실하며, 체계적인 행동을 하는 것으로 간주되기 때문이다.

이런 측면은 원래 광범위한 의미의 이해관계가 결국 하나의 특정한 정념, 즉 금전욕love of money과 동일시되었던 경위를 이해할 수 있게 해준다. 특히 지속적이고, 끈덕지며, 어제나 오늘이나 이 사람이건 저 사람이건 마찬가지인 성격을 지니고 있다고 여겨져 왔던 이정념은 그 외의 정념들과는 다른 것으로 여겨져 왔다. 자신의 에세이 가운데 한편에서 탐욕을 두고, 그것을 "이해관계"로 윤색하는 번거로운 일 따위는 하지 않은 채, "완고한 정념"obstinate passion[70]이라고 말하던 흄은 다른 부분에서 다음과 같이 상술한다.

> 탐욕, 혹은 획득욕desire of gain은, 언제나, 어디서나, 누구에게나 작용하는 보편적 정념이다.[u]

흄은 『인간 본성에 대한 논고』에서 '영속적'이고 '보편적'인 성격을 지니고 있는 것으로 간주되는 "획득에 대한 사랑"을, "단속적이고 특정인에게만 향하는" 질투envy나 복수심revenge 같은 다른 정념들

---

u David Hume, *Essays Moral, Political, and Literary*, ed. T. H. Green and T. H. Grose (London: Longmans, 1898), Vol. I, p. 176. 이를 다른 에세이에서 흄이 사랑을 정의했던 방식과 비교해 보라. "사랑은 쉬지 않는 조급한 정념으로, 변덕과 변화로 가득 차 있다. 어떤 특징으로부터, 어떤 분위기 속에서, 아무것도 아닌 것으로부터 일순간 솟구쳐 나오며 같은 방식으로 갑자기 사라져 버린다"(같은 책, p. 238).

과 대조한 바 있다.[v] 새뮤얼 존슨은 『라셀라스』[*]에서 이와 대적할 만한 또 다른 탐욕에의 평가를 제시한 바 있으니, 아비시니아[에티오피아의 옛 이름]의 왕자[라셀라스]는 본인이 억류된 상황에 대해 이와 같이 말한다.

아랍인 두목이 여기저기 침략하며 돌아다니는 것이 단지 재물을 얻기 위해서라는 사실을 알게 된 이후로, 저는 두려워할 게 상당 부분 없어졌습니다. 탐욕이란 단순하고 다루기 쉬운 악덕이니까요. 인간의 다른 과도한 심리적 특질은 사람의 성향이 각기 다른 만큼 그 작용 양상도 사람마다 다르지요. 그래서 가령 어느 한 사람에게는 자존심을 세워 주는 것이 다른 사람에게는 자존심을 상하게 하는 것이 될 수 있습니다. 하지만 탐욕스러운 사람의 경우, 그의 호감을 사는 데는 언제나 하나의 확실한 방법이 준비되어 있지요. 즉 '돈만 가져다주어라. 그러면

---

v David Hume, *A Treatise of Human Nature*, Book III, Part II, Section II. 이와 같은 상반된 평가는 시민사회의 존재에 대한 흄의 해석과 더불어, 획득에의 욕망이 갖는 힘과 보편성이 일차적으로 사회에 대한 위협으로 제시되는 맥락 속에서 나온 것이다. 그리고 흄은 "그 정념이 스스로의 제약 속에 안주하는 것이 명백하므로, 최소한의 성찰만으로도" 그런 위협을 어떻게 방지할 수 있는지를 보여 준다. 같은 책, p. 25.

* Samuel Johnson, *The History of Rasselas, Prince of Abissinia* (1759). 아비시니아의 왕자 라셀라스가 자신의 행복에 대해 의구심을 품고 행복의 근원을 찾아 세계를 여행하며 사색한 내용을 담은 풍자적 산문이자 초기 소설이다. 『라셀라스』(이인규 옮김, 민음사, 2005)라는 제목의 국역본이 있다.

그는 어떤 것도 거절하지 않으리라'는 것입니다.[71]

몽테스키외 역시 축적의 정념이 가지고 있는 놀라운 지속성과 불변성에 대해 지적한 바 있다.

> 한 상업은 다른 상업을 부른다. 작은 것은 중간 것을, 중간 것은 큰 것을. 그래서 적게 벌기를 그렇게나 바라는 사람도 많이 벌기를 그만큼 바라는 입장에 놓이게 된다.[72]

몽테스키외는 여기서 근대 경제학에서 말하는 한계효용체감의 법칙이 화폐에서만은 예외[적으로 작동하지 않는다]라는 점에 대해 경이로워하는 것으로 보인다. 150여 년 뒤 독일의 사회학자 게오르크 지멜이 바로 그 주제에 대해 명료한 견해를 제시했다. 지멜에 따르면, 일반적으로 인간의 욕망이 충족되면 욕망하던 대상이나 경험의 모든 측면을 내밀하게 알게 되는데, 그렇게 알고 나면 욕망과 충족 사이의 저 유명한 괴리가 발생하고, 그런 괴리는 대부분의 경우 실망이라는 형식을 띠게 된다. 그러나 어떤 일정량의 화폐에 대한 욕망만큼은 독특하게도, 그 돈이 무언가를 위해 사용되는 대신 축적이 그 자체의 목표인 한, 그와 같은 실망을 불러일으키지 않는다. 따라서 "돈은 그 어떤 특성도 갖고 있지 않은 고로, 심지어 가장 하찮은 객체조차 자신 속에 사람을 깜짝 놀라게 하는 것이나 실망시키는 것을 숨기고 있지만, 돈은 그럴 수 없다".[73] 지멜의 심리학적 설명은 흄, 몽테스키외, 새뮤얼 존슨에게 영향을 끼쳤을 것으로 보이는데, 존슨 박사는 돈에 대한 사랑이 보여 주는 항상성[불변성], 곧 정념이 가지는 속성 치고는 너무도 이질적인 그 성격에 매료되었던 것이다.

돈을 향한 사랑[금전욕]이 충족될 수 없다는 것은 그 정념이 지닌 가장 위험하면서도 비난받을 만한 측면으로 간주되어 왔다. 그런데 홉스 이후의 사유가 인간의 변덕에 집착하게 되면서 이상한 전개가 발생했는데, 바로 탐욕이 그 속에 항상성을 내포하고 있다는 이유로 이제 미덕이 된 것이다. 그럼에도 판단에서의 이 같은 변화가 설득력을 갖고, 깊게 뿌리 내린 사고와 판단 양식이 잠정적으로 중단될 수 있게 하기 위해서는, 이런 '완고한' 획득욕에 또 다른 성격이 부여되어야만 했다. 즉 무해함 말이다.

결백하고 부드러운 돈벌이와 상행위

(흄이 말한바) 타산적인 정서의 저돌적인 성격에 대한 통찰은, 자신의 길 위에 놓여 있는 모든 것을 쓸어 내버리는 강력한 충동과의 유사성을 즉각 떠올리게 할 만하기에, 오늘날의 독자들에게는 차라리 경고처럼 들릴지도 모른다. 이와 같은 반응은 한 세기 뒤에 『공산당선언』을 통해 가장 열렬하고도 유명한 문구들로 표출된 바 있다. 물론 1710년의 은행 위기,[*] 1720년의 남해 회사 버블,[**] 그리고 월폴 총리[***] 재임기의 광범위한 정치적 부패로 말미암아 구질서가 돈

에 질식당하고 있다는 우려가 커졌던 영국에서는, 18세기 초에 이미

* 옥스퍼드 대학의 유명한 설교자이며 토리당 지지자였던 헨리 새쉐버럴Henry Sacheverell 박사는 1709년 말 휘그당의 정책과 가톨릭을 비판하는 연설을 하고, 런던 시장Lord Mayor이 금지했음에도 자신의 연설 내용을 자비로 출간해 대중적 호응을 이끌어 냈다. 집권당이던 휘그당은 새쉐버럴을 체포하고 1710년 2월 재판이 시작되었는데, 대중들은 그를 순교자로 받아들여 새쉐버럴 박사와 토리당을 지지하는 거대한 대중 폭동이 벌어진다. 그 과정에서 휘그당원들이 장악하고 있던 영국은행Bank of England도 습격받았지만 기병대가 출동해 약탈과 방화를 면했다. 앤 여왕이 불리한 정책을 펼지 모른다고 우려한 영국은행은 앤 여왕의 은행 인사권에 개입하려 했지만 실패하고, 그에 대한 보복으로 1710년 8월 육군, 해군, 교통부에 대한 대출을 중단했다. 영국은행을 휘그당이 장악하고 있었으나, 그와 별도로 상업과 금융에 기반한 새로운 권력이 여왕과 정치권력과의 힘겨루기에 나섰음을 보여 주는 사건이라고 할 수도 있다. "Trial of Dr. Henry Sacheverell", https://www.parliament.uk/about/living-heritage/evolutionofparliam ent/parliamentwork/offices-and-ceremonies/collections/parliamenta ry-collections/trial-of-sacheverell-/, 2017년 5월 접속. 그리고 Isaac Kram-nick, *Bolingbroke and his Circle: The Politics of Nostalgia In the Age of Walpole* (Cambridge, Mass.: Harvard University Press, 1968), pp. 63~64 를 참조했다.

** 1711년 토리당의 재무부 장관인 옥스퍼드 백작 등이 설립한 남해 회사The South Sea Company는 스페인 왕위 계승 전쟁 과정에서 영국이 진 채무를 인수하면서 라틴아메리카 지역의 무역권을 독점했다. 주식 중개인과 다수의 정치인을 포함한 이해관계자들은 남해 회사가 독점적 무역권을 통해 엄청난 부를 쌓을 수 있으리라는 소문을 계속 퍼뜨렸고, 설립 초기 100파운드였던 남해 회사의 주식 시가총액은 1050파운드까지 치솟았다. 그러나 남해 회사의 실적은 기대에 크게 못 미쳤고, 그 사실이 밝혀지자 주가가 폭락하면서 영국 경제는 큰 타격을 입었다. 토리당을 지지하는 논객이자 소설가였던 대니얼 디포, 물리학자 아이작 뉴턴 등이 이때 큰 손해를 입었다고

몇몇 경고음이 들리기 시작했다. 월폴 총리의 적수였던 토리당의 헨리 볼링브룩****은 주식 중개인들 및 그 무렵 막강한 힘을 가지고 있던 신흥 부호nouveaux riches들을 향해 몇 차례 공격을 가하며, 자신이 발행하던 신문 『크래프츠먼』을 통해 돈이 "명예, 우정, 친척, 혈연, 또는 애착에 의한 결속보다 더욱 지속적인 결속"을 맺게 한다고 한탄하기도 했다.[W] 그러나 이런 감정들은 18세기 후반에 이르러서야

알려져 있다. 네덜란드의 튤립 파동, 프랑스의 미시시피 회사 파동과 함께 거론되는 자본주의 초기의 대형 버블 사건이다.

*** 로버트 월폴(1676~1745). 조지 1세 시절의 휘그당 소속 영국 정치인. 앤 여왕이 사망하고 스튜어트왕조를 뒤이어 하노버왕조로 전환되던 시점, 남해 회사 사건 등을 성공적으로 수습하며 1721년부터 1742년까지 20년 넘게 집권했다. 국왕의 신임을 얻고 있었지만 1741년 총선에서 패배한 책임을 지고 제1 경제 수장직에서 사임했다. 오늘날 월폴은 사실상 영국의 첫 번째 총리이며, 국왕의 신임이 아니라 총선의 결과에 따라 내각이 구성되는 내각책임제를 출범시킨 인물로 평가받고 있다.

**** 헨리 볼링브룩(1678~1751). 영국의 정치인, 문인, 정치철학자. 앤 여왕과 조지 1세 시절의 정치인으로 토리당을 이끌었다. 1715년 조지 1세를 왕좌에서 몰아내려 한 자코바이트 반란에 동참하나 실패하고, 1723년 복권되어 영국으로 돌아왔다. 토리당의 입장을 대변하는 매체 『크래프츠먼』을 창간했다.

w Isaac Kramnick, *Bolingbroke and his Circle: The Politics of Nostalgia in the Age of Walpole* (Cambridge, Mass.: Harvard University Press, 1968), p. 73에서 인용. 초기 '포퓰리스트' 정치인으로서의 볼링브룩에 대한 전반적 설명은 같은 책, Ch. 3 참조. 크램닉은 이런 큰 그림을 무리해서 끌어온 나머지, 그 장의 말미에 접어들어 해당 시대의 금융 혁신 중 일부의 구조를 설명하기 위해 대부분의 서술을 흄에게 의존해야 했다. 월폴 총리

스코틀랜드의 몇몇 작가들, 특히 애덤 퍼거슨*과 프랑스의 마블리**와 모렐리*** 등 몇몇 작가들 사이에서 어떤 이데올로기적 중요성을 띠게 되었을 뿐이다. 거의 18세기 내내 영국과 프랑스 양쪽에서 '획득욕'은, 우리가 앞서 인용한 『라셀라스』에서 인용한 대목에서처럼 어느 정도 경멸을 받기도 했지만, 대체로 긍정적인 평가를 받았다

와 대적한 볼링브룩에 대한 다른 관점은 Quentin Skinner, "The Principles and Practice of Opposition: The Case of Bolingbroke versus Walpole," in Neil McKendrick, ed., *Historical Perspectives: Studies in English Thought and Society in Honour of J. H. Plumb* (London: Europa, 1974), pp. 93~218 그리고 J. G. A. Pocock, "Machiavelli," pp. 577~578 참조. 볼링브룩은 시장이 성장했다는 것보다는, 자신들이 뜻대로 처분할 수 있는 금융 자원이 늘어남으로써 법원과 총리가 휘두를 수 있게 된 힘에 더욱 열광한 것이라고 포콕은 주장하고 있다.

* 애덤 퍼거슨(1723~1816). 스코틀랜드 계몽주의 시대의 철학자, 역사가. 사회 형성과 도덕 유지에 인간의 본성이 미치는 영향을 긍정했으며, 사회가 상업화될수록 인간은 악해지고 명예를 경시한다고 비판했다. 사회학의 발전에 기여한 초기 학자로 인정받는다. 주저로 『시민사회의 역사에 관한 에세이』*Essay on the History of Civil Society*(1767) 등이 있다.

** 가브리엘 보네 드 마블리(1709~85). 프랑스의 역사가, 철학자. 잠시 외교관으로 근무하기도 했다. 18세기에 인기를 얻은 작가로, 자연법사상과 사유재산의 폐지 등을 주장함으로써 후대에 공화주의 및 공산주의 양쪽에 영향을 미쳤다.

*** 에티엔-가브리엘 모렐리(1717~78). 프랑스의 유토피아적 사상가, 소설가. 1755년 출간된 주저 『자연법전』*Le code de la nature*으로 명성을 얻었다. 사유재산을 옹호한 몽테스키외에게 비판적인 입장을 표명했고, 루소의 논지를 확장해 사유재산의 근본적 부정으로 나아갔다.

("······ 아랍인 두목이 여기저기 침략하며 돌아다니는 것이 단지 재물을 얻기 위해서라는 사실을 알게 된 이후로, 저는 두려워할 게 상당 부분 없어졌습니다").

존슨 박사는 이와 관련해 유명한, 그리고 우리의 맥락에서 볼 때 특히 눈에 띄는 또 다른 언급을 남겼다.

사람이 돈을 벌기 위해 고용되는 것보다 결백한 경우는 매우 드물다.[74]

이 경구警句는 기존의 정념 지향적인 행태에 비해 이해관계에 이끌린 행태와 돈벌이가 우월하다고 여겨졌던 또 다른 측면을 명료하게 보여 준다. 정념은 거칠고 위험한 반면, 누군가가 물질적 이익을 추구하는 것은 결백하거나, 또는 요즘 식으로 말하자면, 해를 끼치지 않았다. 이는 논의의 대상이 되는 관념의 복잡한 구성 요소로서 드러나 있던 것 가운데 특히 덜 알려진 속성이었다.

상업적인 돈벌이의 추구가 무해하고, 남에게 해를 끼치지 않는 것으로 평가되었던 것은 귀족적 이상의 장기 지배가 낳은 간접적 결과로 이해할 수도 있다. [그러나] 앞서 지적했듯이, 귀족적 이상에 대한 믿음이 심각하게 흔들리고, '영웅'은 '파괴되었'지만, 오래도록 천대받아 온 상인들의 지위가 즉각적으로 상승한 것은 아니었다. 상인은 미천하고, 불결하며, 시시한 존재라는 관념이 여전히 한동안 지속되고 있었다.

심지어 상업이 그것의 본질적 목표인 돈벌이에 과연 효율적인 수단인지에 대한 의혹이 존재하기도 했다. 이 같은 의혹은 18세기 중반까지도 남아 있었는데, 보브나르그의 놀라운 격언, 즉 "이익추구로는 변변찮은 부를 쌓을 수 있을 뿐이다"[75]는 이 같은 의혹을 표현하고 있다. "자질을 갖춘 자는 싸움을 통해 부를 얻는데, 이는 미천한 자가 일해서 얻는 것보다 훨씬 명예롭고 빠르다"는 발상은 레콩키스타Reconquista*를 통해 형성된, 스페인 사람들의 기본적인 신념이라고 여겨져 왔지만,[76] 사실 이는 널리 퍼져 있는 사고방식이었다. 반박 증거가 충분했음에도, 경제적 활동에 대한 지독한 경멸은 다음과 같은 확신, 즉 경제활동은 인간 활동의 모든 방면에서 잠재력이 많지 않을 뿐만 아니라, 대규모의 선한 일은 물론 악한 일도 발생시킬 가능성이 없다는 확신으로 이어졌다. 인간이 서로에게 입히곤 했던 해악과 공포를 최소화하는 방안을 모색하는 시대가 되자 상업적이고 경제적인 활동을 보다 따스한 시선으로 바라보기 시작했지만, 그것은 그런 활동에 대한 평가가 높아져서가 아니었을뿐더러, 정반

---

* 재정복을 의미하는 스페인어로, 영어로는 'the Reconquest'이다. 718년부터 1492년까지 이베리아반도 북부의 로마가톨릭교 세력이 이베리아반도 남부를 점령한 우마이야왕조, 코르도바 토호국, 무라비트왕조, 무와히드 칼리파조, 마린 왕조, 그라나다왕국을 몰아낸 약 7세기에 걸친 전쟁이다. 레콩키스타의 막바지에 아라곤 왕국과 카스티야 왕국이 결혼을 통해 통합해 에스파냐 왕국이 성립했다. 에스파냐 왕국이 1492년 1월 2일 그라나다왕국을 정복하면서 레콩키스타가 마무리되었다. 장기간에 걸친 정복 전쟁을 통해 스페인이라는 나라가 탄생했기 때문에 상업보다는 전쟁을 통해 부를 얻는 것이 훨씬 명예롭고 빠르다는 사고방식이 스페인에 널리 퍼졌다고 볼 수 있다.

대로 그에 대한 일말의 선호는 (재앙을 불러일으키는) 위대함에 대한 추구로부터 벗어나고 싶다는 갈망의 표출이라 할 수 있었고, 그런 인식에는 상업적이고 경제적인 활동에 대한 멸시가 여전히 반영되어 있는 셈이었다. 어떤 면에서 자본주의의 승리는, 오늘날 수많은 독재자들의 승리와 마찬가지로, 자본주의를 진지하게 생각하지 않거나, 또는 자본주의가 거대한 계획을 제시하거나 어떤 위대한 성과를 이룩할 능력이 있다고 믿는 걸 부정했기 때문에 가능했을지도 모르며, 그와 같은 부정적 인식은 [앞서 살펴본] 존슨 박사의 언급에서 분명히 확인되고 있다.

"돈을 버는 일"money getting이 해를 끼치지 않는다는 새뮤얼 존슨의 경구와 짝을 이룰 만한 것이 프랑스에도 있었다. 실제로 귀족이 지위를 유지하면서 해상 교역에 참여할 수 있음을 천명한 1669년 칙령의 서문에서 상업 활동의 성격을 규정지을 때, '결백함'이라는 동일한 용어가 발견된다.

> 상업은 국가에 풍요를 가져다주고, 풍요를 신민들에게 배분하는 비옥한 원천이니 …… 또한 그보다 더욱 결백하고 적법하게 부를 획득할 수 있는 방법은 없으니. ……[77]

뒤이어 한눈에도 더욱 이상한 용어가 등장했다. 17세기 후반 이후 상업의 온화함douceur에 대한 많은 논의들이 제기되었다. 즉 이 단어는 (가령 'la douce France'*처럼) 다른 언어로 번역하기 특히 어려운데, 달콤하고, 말랑하며, 조용하고, 점잖다는 의미를 전달하면서 폭력의 반의어이기도 하다. 상업에 대한 이와 같은 평가 가운데 내가 찾아낼 수 있었던 최초의 사례는 자크 사바리**가 17세기에 상인들을 대상으로 쓴 교과서인 『완전한 상인』에 등장한다.

> [신성한 섭리는] 생활에 필요한 모든 것이 한곳에서 발견되는 것을 의도하지 않았다. 주님의 섭리는 그 선물을 분산해 놓았는데, 이로 말미암아 사람은 서로 교역을 하고, 서로를 도울 필요성이 발생해 상호간 우애의 끈을 다지게 되었던 것이다. 생활을 충족하는 모든 것들을 지속적으로 교환하는 이 행위가 상업을 구성하며, 그런 상업은 삶의 모든 것을 온화하게 한다. ……[78]

이 문단은 우선 제이컵 바이너***가 기원후 4세기까지 거슬러 올라

---

* 프랑스인들이 자기 나라를 일컬을 때 주로 쓰는 애칭. 그들이 가지고 있는, 풍요롭고 문화적이며 '야만적'이지 않고 로맨틱한 프랑스의 이미지를 함축하는 표현이다. 허시먼이 말했듯이, 다른 외국어에서도 'douce'에 일대일로 대응하는 단어를 찾기 어렵다.

** 자크 사바리(1622~90). 프랑스의 상인, 경제학자. 상업 활동을 하는 귀족 집안에서 태어나 법학을 공부한 뒤 상업에 뛰어들어 큰 부를 쌓았다. 1673년 새로운 상업 조례의 초안을 잡는 일에 관여했고, 해당 상법은 사바리 상법le Code Savary이라고 불렸다. 1675년 자신의 경험에 입각해 상인들을 위한 교과서인 『완전한 상인』Le parfait négotiant을 집필했다.

*** 제이컵 바이너(1892~1970). 캐나다 태생 미국 경제학자. 국제무역론을 전

간다고 추적한 바 있는 "국제무역에 대한 신의 섭리의 우호적 관심"
이라는 개념을 상세히 기술하고 있다.[79] 그러나 사바리가 손수 강조
한 마지막 문장에 등장하는 "온화함"은 그가 글을 쓰던 바로 그 시대
의 산물인 것이다.

온화한 상행위doux commerce 이론의 옹호자 가운데 가장 영향력
이 큰 인물은 몽테스키외였다. 『법의 정신』 가운데 경제문제를 다루
는 부[제4부]를 시작하는 장에서 그는 다음과 같이 선언한다.

> …… 그리하여 온화한 풍속이 있는 어느 곳에나 상업이 있다는 것, 그
> 리고 상업이 있는 어느 곳에나 온화한 풍속이 있다는 것은 거의 일반
> 적인 규칙이다.[80]

그리고 같은 장의 뒷부분에서 그는 다시 한번 반복한다.

> 우리가 매일 볼 수 있는 것과 같이, 상업은 …… 야만적 풍속을 다듬고
> 온화하게 한다.

공했고, 프랭크 나이트Frank Knight, 헨리 사이먼스Henry Simons와 더불어
1930년대 시카고학파에 영향을 주었다. 경제사에 대한 연구도 진행했는데,
여기서 허시먼이 인용하는 *The Role of Providence In the Social Order:
An Essay in Intellectual History* (Princeton University Press, 1977), re-
printed 2015가 대표적이다.

상업이 온화함을 이끌어 내는 현상이 상업 활동에 종사하는 사람들 사이에서 그들이 하는 상업적인 업무에 따른 변화 때문에 벌어지는 것인지, 아니면 더욱 광범위한 차원에서 상업 덕분에 누릴 수 있게 된 상품의 소비로 말미암아 모든 사람들에게 벌어지는 것인지, 몽테스키외의 입장은 그다지 명확하지 않다. 어느 쪽이건, 이 용어는 가장 넓은 의미에서 받아들여졌고 프랑스를 넘어 성공의 길을 걸었다. 몽테스키외의 책이 출간된 지 21년 뒤, 스코틀랜드의 역사가 윌리엄 로버트슨*이 쓴 『유럽의 사회 진보에 대한 관점』*View of the Progress of Society in Europe*(1769)를 보면 앞서 인용된 몽테스키외의 저 구절이 거의 문자 그대로 발견된다.

상행위는 국가 간의 차이와 적개심을 유지시키는 편견을 사그라지게 하는 경향이 있다. 사람들의 관습을 부드럽고 세련되게 하는 것이다.[x]

• 윌리엄 로버트슨(1721~93). 스코틀랜드의 역사가. 스코틀랜드 교회의 목사였고 에든버러 대학 학장직을 역임했다.

x 『로버트슨이 쓴 찰스 5세 황제의 통치사』*Robertson's History of the Reign of the Emperor Charles V*의 서문으로, 최근 펠릭스 길버트가 쓴 서문을 추가해 수정 증보된 판본(University of Chicago Press, 1972)이 재출간되었다. 인용된 문구(강조는 인용자)는 같은 책, p. 67에 있다. 에세이에 부록으로 딸린 「증거와 도판」에서 로버트슨은 『법의 정신』 중 상업에 대해 다루는 4부에 대해 몽테스키외가 쓴 도입부를 언급하지만(같은 책, p. 165), 몽테스키외의 작업 중 정확히 어떤 구절을 차용했는지 밝히지 않는다.

18세기 후반부로 향하면서 영국과 스코틀랜드에서는 '세련된polished 국가'라는 표현이 '무례하고 야만적인'rude and barbarous 국가들과 대조를 이루는 맥락에서 널리 사용된다. 그것은 부의 증진이 상업의 확장에 크게 힘입고 있다는 명확한 인식이 퍼져 있었던 서유럽 국가들을 가리키는 표현이었다. 즉 '세련'洗練, polished이라는 용어는 어쩌면 그것이 [광물, 보석 등의] 초벌 깎기adouci와 친연성을 지니기에 선택되었을 수도 있을 텐데, 이런 방식으로 상업의 온화함이란 훗날 '선진국 대 후진국', '발전된 국가 대 개발도상국' 같은 식으로 반복해 등장하는 이항 대립의 최초 형태로, 이 같은 도식에 대해 간접적으로나마 책임이 있다고 생각해 볼 수 있다.

이른바 부드러움doux이라는 표현의 기원은 아마도 상업commerce의 '상업적이지 않은' 의미 속에서 찾아볼 수 있지 않을까. 그 단어는 오래도록 상업trade 외에도 (많은 경우 성별이 다른 두 사람 사이의) 생동감 넘치는 반복적 대화conversation라든가 다른 형태의 점잖은 사회적 교제social intercourse 및 거래dealing 등을 함의해 왔으니 말이다.[y] 부드러움이라는 용어가 상업과 종종 결부해 사용되곤 한 것은 그런 관계 속에서였다. 예컨대 파리의 어떤 중등교육기관에서 1769년에 공표한 내부 규칙에는 이와 같은 문장이 포함되어 있다.

---

[y] 영어의 경우도 프랑스어와 마찬가지다. 『옥스퍼드 영어사전』*Oxford English Dictionary* 참조.

장차 중학교Collège를 떠나 사회 속에서 살아가고자 하는 만큼, 학생들은 일찍부터 온화하고 편안하며 정직한 교제un commerce doux, aisé et honnête의 훈련을 받아야만 한다.[81]

하여 그 개념[doux]은 정중함, 세련된 태도, 사회적으로 유용한 행태 등과 같은 일반적 의미를 잔뜩 짊어진 채 '상업적'인 영역으로 옮겨졌던 것이다. 그렇다고 해도, 온화한 상업doux commerce이라는 용어가 계속 사용되는 것은 우리에게 노예무역이 절정에 달해 있었고, 무역이 전반적으로 여전히 위험하며 모험적이고 대체로 폭력적인 사업이었던 시대에 대한 이상한 착시를 불러일으킨다.[z] 그 개념은 한 세기가 지난 뒤에야 마르크스로부터 마땅히 받았어야 할 조롱을 받게 되는데, 마르크스는 자본의 원시축적을 샅샅이 탐구하는 가운데, 유럽의 상업이 확장되어 간 역사 속에서 잔인한 사례들을 되짚어 본 뒤, 다음과 같은 냉소를 내뱉었다. "온화한 상업이란 바로 이런 것이다!"Das ist der doux commerce![aa]

---

z 통상교역주의자 사바리는 "자유의 상실에 대한 일종의 보상으로서 그들에게 주어지는 참된 신과 그리스도교에 대한 지식"을 이유로 노예들에게 "담배, 설탕, 인디고의 경작은 …… 이득이 되지 않을 수 없다"며 노예제에 대해서도 해당 용어를 적용한 바 있다. 인용된 문장은 E. Levasseur, *Histoire du commerce de la France* (Paris: A. Rousseau, 1911), Vol. I, p. 302에서 재인용.

aa Karl Marx, *Das Kapital*, Vol. I, Ch. 24, Section 6 [『자본 I-2』, 강신준 옮

온화하고, 평화적이며, 악의 없는 무역업자라는 이미지는 당시의 약탈을 일삼는 군대 및 흉포한 해적과의 비교를 통해 어느 정도 힘을 얻었을 수 있다. 그러나 영국 이상으로 프랑스에서 무역업자의 이미지는 사람들이 다양한 사회적 집단을 바라보는 시각의 영향을 훨씬 더 크게 받은 듯하다. 즉 귀족이 영웅적 덕성 또는 폭력적violent 정념을 통해 정의되는 만큼, 귀족에 속하지 않는 사람들이 그것을 공유할 수는 없으니 말이다. 그리하여 결국, 귀족이 아닌 사람은 추구해야 할 영광 대신 오직 이해관계만을 가지고 있게 되었으며, 이해관계의 추구는 귀족들의 정념에 사로잡힌 오락과 야만적인 위업에 비해 온화할 수밖에 없음을 모든 이들이 알고 있었던 것이다.

차분한 정념으로서의 돈벌이

18세기를 거치는 동안 새로운 이념적 조류에 힘입어 경제적 활

김, 도서출판 길, 2008, 1009쪽. 국역본에서는 "달콤한 장사doux commerce란 이런 것이다"로 옮기고 있다]. 그 용어는 마르크스와 엥겔스 사이에 둘만의 농담거리가 되었다. 1869년 엥겔스가 사회주의 운동에 전적으로 헌신하기 위해 방직 공장을 운영하던 가족과의 관계를 정리했을 때, 그는 마르크스에게 편지를 보냈다. "만세! 오늘은 우아한 상업doux commerce의 종지부를 찍는 날이며, 나는 자유인일세." 1869년 7월 1일자 편지. Karl Marx-Friedrich Engels, *Werke* (Berlin: Dietz, 1965), Vol. 32, p. 329.

동에 대한 긍정적인 태도는 더욱 견고해졌다. 이런 태도는, 인간 본성에 대한 17세기의 우울한 관점에 기반하고 있었음에도, 새로운 시대의 날선 공격 속에서도 놀라우리만치 잘 맞서며 살아남았다.

이해관계와 정념에 대한 이전의 관점들은 다양한 비판을 받았다. 그중 하나는, 앞서 우리가 살펴보았듯이, 인간이 전적으로 이해관계나 자기애에 의해 지배당한다는 명제에 대한 강한 반발일 것이다. 이와 동시에 정념들 사이에 새로운 구획이 그어졌는데, 이는 어떤 정념이 완전히 유익하지는 않더라도 다른 정념에 비해 덜 해롭다고 제안하기 위한 목적에서다. 이런 방식으로 양성良性, nign 정념과 (전자에 속하지만 따로 분류될 수 있는 몇몇 탐욕스러운 성향 및) 악성惡性, malignant 정념의 대립은, 특히 영국에서, 이성과 정념의 대립에 대한 17세기적 관념의 18세기적 등가물로 자리매김했지만, 이 두 개의 이분법은 오랜 기간에 걸쳐 서로 포개지며 공존하기도 했다.

새로운 노선의 사고는 주로 홉스의 사상에 대한 비판적 반발이라는 형태로 전개되었는데, 이들은 새프츠베리에서 허치슨과 흄으로 이어지는 영국과 스코틀랜드 도덕철학자들 가운데 이른바 감정학파였다.[bb] 새프츠베리의 주된 업적은 그가 '자연스러운 정서'natural affec-

---

[bb] 애덤 스미스는 스코틀랜드 계몽주의 학파의 중요한 일원이었지만, 그의 『도덕감정론』은 새프츠베리와 허치슨이 충분한 분량을 할애해 특별히 취급했던 개별적 구분을 다루지 않는다. 마찬가지로 그는 정념과 이해관계 사이의 구분도 무시했다. 뒤에 살펴볼 173~175쪽 참조.

tions라 부르는 이타심benevolence과 관대함generosity 등을 복권하거나 재발견한 것이었다. 이런 정서가 사적인 선과 공적인 선에 미치는 영향을 구분했던 그는, 그 훌륭한 감정들이 양쪽 모두에 작용한다는 것을 어렵지 않게 보여 주었다. 그리고 새프츠베리는 덜 존경스러운 정서 또는 정념의 문제에 천착해 들어가, 사적인 선을 목표로 하고, 거기에 도달할 수 있을지 모르지만, 공적인 선과 필연적으로 겹치지는 않는 '자기애'self-affections 혹은 '자기-정념'self-passions과, (잔인함, 질투, 기타 등등처럼) 공적인 선뿐만 아니라 사적인 선도 이루어 낼 수 없는 '부자연스러운 정서'를 분류했다. 그는 또한 각각의 범주 내에서 온건한 정서와 과도한 정서를 계속해서 분류해 갔다. 여기서 흥미로운 점은 새프츠베리가 이런 개념적 도식에서 경제활동을 어디에 끼워 넣는지 지켜보는 것이다. 그는 경제활동을 '자기-정념'에 할당하고는, 그 뒤에는 그 항목에서 제거해야 한다는 주장으로 나아간다.

> 만약 [부의 획득에의] 관심이 온건하고 합리적인 수준에 머물러 있다면, 또한 만약 정념에 사로잡힌 추구를 낳지 않는다면, 그런 경우에는 덕과 상충하는 요소가 아무것도 없을 것이며, 사회에도 적합하고 유익할 수 있다. 그러나 그것이 진짜 정념에 이르도록 자라난다면, 그 사람이 입을 상처와 해악은 공공이 입는 것보다 클 것이다. 그러한 것은 사실상 자신을 억압하며, 인류에 대해서보다 그 자신을 무겁게 짓누른다.[82]

분명히 돈벌이는 '자기-정념'이라는 중간적 범주에 들어맞지 않는다. 즉 온건하게 추구되고 있는 한 돈벌이는 사적 이익과 공적 이익을 동시에 달성하는 '자연스러운 정서'로 승급할 것이며, 극단적으로 방종되고 있다면 사적 이익도 공적 이익도 달성하지 못하는 '부자연스러운 정서'로 강등될 테니 말이다.

프랜시스 허치슨은 새프츠베리의 도식을 단순화해, 한편으로는 자애로운 정념과 이기적인 정념을 구분하고, 다른 한편으로는 온화한calm '의지의 움직임'과 폭력적인 '의지의 움직임'을 구별했다. 후자의 구별을 설명하기 위해 몇 개의 사례를 제시하던 중 그는 경제활동 또한 거론하게 되었다.

> …… 부를 향한 온화한 욕망은, 비록 내키지는 않는다 해도, 좋은 거래 또는 괜찮은 일자리를 위해 필요하다면 사람으로 하여금 기꺼이 상당한 비용을 치르게 하는 반면, 탐욕의 정념은 그런 비용에 불평을 한다.[83]

여기서 허치슨은 "부를 향한 온화한 욕망"('온화한'calm은 'doux'에 대응해 사용된 영어 단어이다)과 탐욕을 구분하기 위해, 욕망의 강도가 아니라 더 많은 이득을 얻기 위해 높은 비용[희생]을 치를 의지가 있느냐를 기준으로 삼고 있다. 이렇듯 온화한 욕망은 계산을 통해 이성적으로 수행되는 행위로 정의되며, 그것은 곧 17세기에 이해관계라는 단어가 이해되던 방식과 정확한 등가물을 이룬다.

새로운 용법에는 한 가지 문제가 있었다. 정념에 대한 이해관계들의 승리를 그려 보는 것은 어렵지 않게 가능하지만, 온화한 정념이 폭력적인 정념과의 경쟁에서 우위에 서는 일이 어떻게 가능할지 생각하는 것은, 언어적 표현을 고려할 때, 상대적으로 어렵다. 온화한 정념과 폭력적 정념의 구분 역시 차용해 왔던 흄은, 그 문제와 정면으로 맞닥뜨린 뒤 이를 다음과 같은 명쾌한 문장으로 해결했다.

> 우리는 반드시 …… 온화한 정념과 약한 정념을 구분하고, 폭력적 정념과 강한 정념을 구분해야만 한다.[84]

이렇게 해서 만사가 잘 풀리게 되었다. 즉 온화한 정념으로 분류되어 암묵적으로 지지받는 이성적으로 조율된 부의 획득 행위가, 동시에 사나운 (그러나 약한) 정념들의 다양한 형태에 맞서 그것들을 이겨낼 수 있는 무언가가 될 수도 있으니 말이다. 획득에의 욕망이 가지고 있는 이 이중적 성격은 정확히, 애덤 스미스가 우리의 생활 여건 개선을 향한 욕망에 대한 그 유명한 정의를 내릴 때 강조했던 "비록 일반적으로는 온화하고 정념에 휘둘리지 않지만 자궁에서 나올 때부터 우리를 따라오며, 무덤에 들어갈 때까지 결코 우리를 놓아주지 않는 욕망"[85]과도 같은 것이다. 그리고 이 조용하지만 강한 정념이 폭력적인 정념에 맞서 우세를 점하는 구체적인 사례를 우리는 흄의 에세이인 「이익에 관하여」에서 발견할 수 있다.

> 획득욕이 쾌락욕을 이기도록 하는 것은 …… 모든 근면한 직업의 필연적인 결과다.[86]

'획득욕'에 대한 좀 더 강렬한 옹호는 잠시 후에 살펴보도록 하자. 아무튼, 우리의 논의 가운데 현 지점에서 보면, 흄의 주장은 우리가 지금까지 추적해 왔던 관념들의 궤적에서 정점에 있다. 일부 온화하지 않은 인간적 성향 대신 온화한 성향을 활성화할 수 있을지도 모른다는 이유로, 같은 원리에 따라 인간 본성 속의 더욱 파괴적이고 재앙을 불러오는 요소들을 억압하거나 어쩌면 위축시킬 수 있으리라는 기대를 품고, 당대 최고의 철학자가 자본주의를 찬양하고 있으니 말이다.

HIRSCHMAN

제 2 부

경제성장이
정치 질서를
개선한다는 기대는
어떻게
형성되었는가

사적인 이익 추구를 자유롭게 보장하고 이를 권장하는 것은 서구 사상의 오랜 흐름의 결과이자 동시에 17~18세기에 나타난 지적 풍조의 중요한 구성 요소였다. 그럼에도 '이해관계들과 정념이 대립한다는 논제'interests-versus-passions thesis가 매우 낯설어 보인다면, 이는 어느 정도 부분적으로는 획기적인 출판물 『국부론』이 1776년 출간됨으로써 그와 같은 논제가 대체되고 일소되었기 때문이다. 뒤에서 논의될 이유들로 말미암아, 애덤 스미스는 무제한적인 사적 이익에 대한 추구를 옹호하는 과정에서 이해관계들과 정념의 구분을 포기했다. 그는 사적 이득의 추구를 통해 회피할 수 있는 정치적 위험이나 재앙보다는 사적 이득의 추구가 불러올 수 있는 경제적 혜택을 강조하기로 선택했던 것이다.

저 논제가 낯설어 보이는 또 다른 이유는, 앞선 논의들 속에서 지적인 증거의 파편들과 조각들을 수고롭게 취합해야 이 논제를 추론

할 수 있기 때문이다. 나는 좀 더 광범위한 자료를 활용해, 이해관계들과 정념의 대립 논제가 마이클 폴라니가 '암묵적 차원'tacit dimension[곧 암묵지tacit knowledge]이라고 부른 것, 다시 말해 한 집단에 의해 공유되며 그 집단에는 너무나 명백하기 때문에 완벽하거나 체계적으로 서술되지 않는 명제들과 의견들의 일부였다는 점을 보여 주려고 했다. 이런 상황에서 특징적인 것은, 흥미롭게도 애덤 스미스 자신을 포함한 당대의 중요 저자들이 명확히 표현되지 않은 [암묵적 차원의] 기본 이론을 특수한 형태로 응용하거나 변형하는 모습이다. 그중 특히 중요한 어떤 변형태가 뒤에 이어지는 내용의 주제이다.

앞에서 지적했듯이, 이 같은 논제는 통치술에 대한 관심에서 비롯되었다. 가장 억제가 필요한 정념은 권력자들의 정념으로, 그들은 막대한 규모로 해를 끼칠 수 있는 위치에 있으며, 낮은 계층들에 있는 사람들에 비해 더 많은 정념을 갖고 있는 것으로 간주되었다. 그 결과 이해관계와 정념의 대립 논제에 대한 가장 흥미로운 적용 사례는 권력자의 방종, 치명적인 결과를 가져올지도 모를 영광에 대한 갈망, 그리고 일반화한다면 권력자의 정념 과잉이 권력자 자신의 이해관계와 신민의 이해관계에 의해 어떻게 제어되는지를 보여 주고 있다.

프랑스에서는 몽테스키외가, 영국에서는 제임스 스튜어트 경이 이와 같은 사고방식을 대변한 18세기의 대표 주자라 할 수 있다. 그들의 기본적인 발상은, 종종 스코틀랜드 계몽주의자라 부르는 일군의 주목할 만한 철학자, 모럴리스트, 사회학자 가운데 탁월한 또 다른 인물인, 존 밀러*에 의해 풍부해졌다. 중농학파와 애덤 스미스는 몽테스키외와 스튜어트의 전제 및 관심사 일부를 공유했지만, 그들 사이의 해법은 매우 달랐다. 강력한 결속력을 가진 교조적 집단으로 간주될 수 있는 중농주의자들을 제외한다면, 뒤에서 이 사상가들은 각기 따로 검토될 것이다. 나는 그들의 저작 가운데 그다지 주목받지 못했거나 검토되지 않은 대목들에 대한 주의를 환기하고자 하는 만큼, 그런 대목들을 그들의 나머지 저작과 결부하는 일이 필수적이다. 오직 이런 방식으로만, 여기서 추려 낸 관점들의 의미와 중요성을 이해할 수 있을 것이다.

학설의 구성 요소들

1. 몽테스키외

몽테스키외는 상업에서 수많은 미덕을 보았고, 앞서 지적했듯이,

---

* 존 밀러(1735~1801). 스코틀랜드의 철학자, 역사학자, 법학 교수. 스코틀랜드 계몽주의자로서 『신분 구분의 기원』*Origin of the Distinction of Ranks*(1778)에서 경제결정론의 단초가 될 주장을 전개해 마르크스에게 중요한 영향을 끼쳤다. 『영국 정부에 대한 역사적 관점』*Historical View of the English Government*(1787)은 기념비적인 역사학 저술로 평가받는다.

상업의 확장과 온화함의 확대 사이의 연관성을 주장했다. 그가 볼 때 상업이 문화에 끼치는 영향은 정치에 끼치는 영향과 병행했다. 핵심적인 정치적 주장이 담긴 『법의 정신』 제1부에서, 몽테스키외는 부가 너무 풍족하거나 또는 너무도 불균등하게 분배되어 있지 않을 경우에만 민주주의가 일상적으로 존속할 수 있다는 고전적 공화주의자들의 주장에 동조하면서도, 곧이어 그런 원칙에 중대한 예외를 설정하는데, 그것은 '민주주의가 상업에 기반해 있는 경우'다. 그 이유에 대해 그는 다음과 같이 말한다.

> 상업의 정신은 검소, 절약, 절제, 노동, 지혜, 평온, 질서, 규율의 정신을 동반하기 때문이다. 그래서 그 정신이 존속하는 동안에는 그것이 생산하는 부가 그 어떤 나쁜 결과도 가져오지 않는다.[1]

너무나도 과장된 어조 탓에 상업에 대한 이 같은 찬사는 무시하고 싶은 충동을 불러일으킬 지경이다. 그러나 자신의 저작 후반부에서 몽테스키외는 상업의 유익한 정치적 효과에 대해 훨씬 구체적이고 좀 더 면밀한 논변을 제시한다. 이 논변은 그간 간과되어 왔기에 여기서 어느 정도 상세히 다루어 보려 한다. 그 논변은 방금 전에 인용했던 것과는 대조적으로 상업이 민주주의에 미치는 영향에만 국한하지 않고, 몽테스키외의 저작 도처에서 논의되고 또한 그가 가장 상세히 알고 있었고 관심을 두고 있었던 두 가지 정부 형태, 즉 군주정과 전제정에 미치는 효과에 대해서도 강조하고 있다.

『법의 정신』의 제4부에서 몽테스키외는 상업(20편과 21편), 화폐(22편), 인구(23편)에 대해 논의한다. 20편에서 그는 "상업의 정신"으로부터 귀족이 상업 활동에 참여할 수 있도록 허용하는 일의 옳고 그름 여부에 이르기까지 매우 폭넓은 주제들에 대해 자신의 견해를 제시한다. 이와 대조적으로 몽테스키외는 21편에서는 항해와 상업의 역사라는 단일한 주제만을 최대한 사실에 입각해 다룬다. 좀 더 주목할 만한 것은 그가 "유럽에서 상업은 야만 속에서 어떻게 나타날 수 있었는가"[21편, 20장 제목]를 논의하는 장에서 갑자기 일반 원리를 정식화하는 장면이다. 여기서 몽테스키외는 먼저 교회가 이자 취득을 금지함으로써 어떻게 상업을 위축시켰는지, 그 결과 상업이 유대인들의 손에 넘어가게 된 경위를 서술한 다음, 유대인들이 어떻게 왕과 귀족 때문에 폭력과 거듭되는 강탈에 시달렸으며, 결국 유대인들이 환어음의 발명을 통해 어떻게 대응했는지를 보여 준다. 그 장의 마지막 부분은 다음과 같은 인상적인 결론을 이끌어 낸다.

이 수단에 의해 상업은 폭력에서 벗어나 여러 곳에서 유지될 수 있었다. 가장 부유한 상인은 오직 보이지 않는 재산만을 가지고 있어서, 그것을 어디로든 보낼 수 있었으며 어떤 흔적도 남기지 않았다. …… 따라서 …… 군주들의 탐욕 덕분에 상업을 군주의 권한 바깥에 두는 사태가 성립되었다.

이때부터 군주들은 그들 자신이 생각했던 것보다 더 많은 지혜를 가지고 스스로를 통치해야만 했다. 왜냐하면 그 사건을 통해 과한 강권은 너무 서투른 짓이 되며, [군주에게] 번영을 가져다주는 것은 오로지 통치의 선함뿐[이라는 것이 밝혀졌기 -옮긴이] …… 때문이다.

사람들은 마키아벨리즘에서 회복하기 시작했으며, 매일 회복해 갈 것이다. 심의회에는 더 많은 온건함[중용 -옮긴이]이 필요하다. 예전에 정변[쿠데타 -옮긴이]이라고 불렸던 것은, 오늘날에는 [그것이 일으키는 -옮긴이] 공포와 상관없이 고작 경솔함일 뿐이다.

이 장은 이 책의 논제를 옹호하기 위해 원고 측 증인으로 불려 나와 이 책의 제사題詞로 선택된 다음 문장으로 끝을 맺는다.

정념이 사람들에게 악인이 될 생각을 불어넣는데도, 그렇게 되지 않는 것이 이익인 상황에 있다는 것은 사람들에게 다행스러운 일이다.[2]

이것은 실로 이해관계들, 즉 상업과 그 필연적 귀결인 환어음 같은 것이 권력자의 정념과 그 정념에서 유발된 '사악한' 행위를 예방할 수 있으리라는 기대에 근거한 경이로운 일반화라고 하겠다. 21편에서 그가 제시한 발상들이 경제와 정치의 관계에 대한 사고를 구성하는 중요한 요소라는 점은, 몽테스키외의 저작에 등장하는 다수의 관련 구절들을 볼 때 명백하다.[a] 곧이어 22편에서 군주에 의한 화폐의 평가절하를 논의할 때에도 그는 정확히 같은 논점을 말한다. 그런 행위에 관여했던 로마의 황제들은 엄청난 흡족함과 이익을 만끽했지만 좀 더 근대화된 시대에 이루어지는 화폐의 평가절하는 역효과를 낼 수밖에 없는데, 왜냐하면 그런 행위에는 광범위한 외환 거래와 재정 거래가 즉각 뒤따를 것이기 때문이다.

우리는 그런 폭력적 조치가 이 시대에는 일어날 수 없을 것임을 느낀다. 군주는 자기 자신을 속여도, 다른 이는 그 누구도 속이지 못할 것이다. 외환시장은 은행가에게 세계의 모든 화폐를 비교하고, 그것들의 정확한 가치를 재는 법을 가르쳐주었다. …… 외환시장은 …… 과한 강권을, 적어도 과한 강권의 행사가 성공할 [가능성을 군주에게서 -옮긴이] 빼앗았다.[3]

첫 번째 사례에서는 환어음lettre de change, 다른 사례에서는 외환

a 몽테스키외의 다른 저작에서도 이해관계와 정념의 대립이 등장한다. "지속적으로 흥분 상태에 사로잡힌 국가에서 살아가는 것은, 그 나라가 이성보다는 정념에 의해 쉽사리 이끌릴 수 있다는 것이다. 전자는 사람들의 정신에 결코 큰 영향을 미치지 못한다. 또한 그 나라를 다스리는 이들은 그 나라의 실제 이해관계를 쉽사리 거스르며 이득을 취할 수도 있을 것이다." Montesquieu, *Esprit des lois*, Book XIX, Ch. 27. 이 대목은 절대 이름을 거론하지 않으면서 상당한 분량을 할애해 영국에 대해 호의적으로 묘사한 것으로 유명한 장에서 나온 것이다. (앞서 84쪽에서 살펴본) 라브뤼예르와 마찬가지로 여기서 이성은 정념, 이성, 이익으로 구성된 삼각관계ménage à trois에서 상대적으로 무기력한 역할을 할당받고 있다.

Le change이라는 용어가 사용되는 데서 알 수 있듯이, 정치가들을 제약할 두 가지 기법에 대해 거의 같은 용어를 사용하고 있기 때문에 두 상황은 훨씬 더 유사해 보인다. 비망록에서 몽테스키외는 "그보다 이 세상에 유익한 것이 없음에도 환어음이 이토록 늦게 발견되었다는 것은 실로 놀라운 일"[b]이라는 말로 환어음의 중요성을 강조했으며, 『법의 정신』에서는 부를 토지fonds de terre와, 환어음이 그 일부를 구성하는 동산effets mobiliers으로 나누는 것을 중시했다.[4]

몽테스키외 이전에 스피노자 또한 정치적 목적을 위해 그와 유사한 구분을 제시하면서, 고정자본보다 동산을 더 선호하는 유사한 성향을 보여 준 바 있다. 『정치론』에서 그는 "가능하다면"[5] 주택을 비롯한 모든 부동산의 국유화를 주장하기까지 했다. 그 목적은 토지가

---

b Montesquieu, *Mes pensées*, No. 753, *Oeuvres complètes* (Paris: Gallimard, Pléiade edn., 1949), Vol. I, p. 1206. 유대인들이 발명했다고 알려져 있으며 고리대금업과 연계될 가능성을 지적받아 온 탓에 오랫동안 의혹의 대상이었던 환어음에 대한 이 같은 예찬은, 그 시대에 이르면 더는 이상하게 받아들여지지 않았다. 반세기 뒤 나폴레옹 상법에 대한 논의가 이루어질 때, 환어음을 법제화할 것을 옹호하는 이들은 다음과 같이 주장했다. "환어음은 발명된 것이다. 상업의 역사에서 보면 이와 비견할 만한 사건은 나침반과 아메리카 대륙 발견 정도일 것이다. …… 그것은 동산을 자유롭게 만들었고, 재산의 이동을 원활하게 했으며, 막대한 양의 신용을 창출해 냈다. 그 순간부터 상업의 확장을 제약할 수 있는 것은 이 지구 자체 말고는 아무것도 없었다." Henri Lévy-Bruhl, *Histoire de la lettre de change en France aux 17ᵉ and 18ᵉ siècles* (Paris: Sirey, 1933), p. 24에서 인용.

해결 불가능한 분쟁과 사라지지 않는 선망의 대상이 되는 것을 피하기 위한 것이었다. 즉 제한된 양의 부동산을 일부의 사람이 소유함으로써, 그 사회의 구성원들은 한 사람에게는 이익이 되는 것이 또 다른 사람에게는 손실이 되는 상황에 반드시 연루될 수밖에 없다. 그러므로 "평화와 화합을 위해 또한 중요한 의미를 가지는 그 밖의 다른 것을 추가하자면, 그것은 어떤 시민도 부동산을 가지지 않도록 하는 것이다". 다른 한편, 상업과 유동자산에 대해서는 상당히 우호적이다. 왜냐하면 상업과 유동자산은, "서로 얽혀 있는 일 또는 그것을 늘리기 위해 동일한 수단을 필요로 하는 이해관계"[6]를 발생시키기 때문이다. 스피노자는 개인이 소유할 수 있는 화폐의 양이 오직 그의 노력에 좌우되며, 그런 노력은 사회를 하나로 묶어 주는 유대 관계를 강화하는 상호 의무의 연결망을 낳을 것이라고 보았다.[7] 앞으로 살펴보겠지만, 토지 및 부동산과 비교해 유동자산을 점점 더 중시하는 태도는 스피노자와 몽테스키외뿐만 아니라 제임스 스튜어트 경과 애덤 스미스에게도 낙관적인 정치적 전망의 토대가 되었다.

여기서 간단히 언급해 두어야 할 것은, 공공 부채의 증가와 그에 따른 정부의 채무 또는 '공채'public stocks가 눈에 띄게 늘어나는 현상을 두고 외견상으로는 매우 다른 반응이 나왔다는 것이다. 다양한 유동자산의 이 같은 확대는 흄과 몽테스키외를 비롯한 일군의 프랑스와 영국 작가들에게 유익하다기보다 유해한 일로 간주되었다.[c] 그들의 주장 속에서 '진성어음주의'의 요소가 발견되는 것은 사실이지만, 그들은 주로 정치적 근거에 기반해 공공 채무 확대를 비판했

다.[*] 사실 그들의 비판은 국가권력의 과잉에 대한 우려로부터 나왔

c Montesquieu, *Esprit des lois*, Book 22, Ch. 17, 18과 David Hume, "Of Public Credit," *Writings on Economics*, ed. E. Rotwein (Madison, Wis.: University of Wisconsin Press, 1970)를 주로 참조할 수 있다. 공공 채무가 무한정 늘어나도록 허락된다면 영국이 어떻게 위축될지에 대해 흄은 다음과 같은 끔찍한 장면을 제시했다. "폭정에 맞서기 위한 그 어떤 시도조차 남아 있지 않게 되고, 선거는 뇌물과 부패로 얼룩진 채 버림당하며, 왕과 인민 사이 중간계급의 힘은 완전히 박탈당하니, 끔찍한 전제정은 필히 방지되어야 한다"(p. 99). 흄과 몽테스키외는 이런 사안에 대해 논의를 주고받았다. Hume, *Writings on Economics*, p. 189에 재수록된 내용을 확인할 것.

* 어음이란 근본적으로 어떤 시기와 장소에 금액을 지불하기로 약속하는 유가증권이다. 어음 발행 과정에서 실제 재화의 생산과 유통이 있느냐 여부를 두고 진성어음과 융통어음이 구분된다. 가령 A라는 기업이 B라는 기업으로부터 생산에 필요한 부품을 공급받고 그 대금을 현금이 아닌 어음으로 지급한다면 진성어음이지만, A라는 기업이 자금난에 빠져 금융기관에 어음을 제공하고 현금을 융통받는다면 융통어음이 발행된 것이다. 진성어음주의란 실제로 재화를 생산하고 유통하는 과정에서 발생하는 어음만을 중앙은행이 할인의 대상으로 삼음으로써 통화량을 조절할 수 있으며 그래야 한다는 원칙이다. 따라서 진성어음주의를 엄격하게 준수하면 중앙은행의 화폐 발행 행위는 실물경제를 그대로 반영하게 된다. 중앙은행은 금융기관의 대출 방식과 조건을 규제함으로써, 실물경제와 맞물린 대출의 양을 조절하고, 그렇게 발생한 진성어음을 할인함으로써 통화량을 조절한다.

　　진성어음주의는 애덤 스미스가 중상주의와 중상주의의 자연스러운 귀결인 금본위제를 비판하기 위해 제시한 이론이다. 화폐 발행과 중앙은행이 보유한 금의 연결고리를 차단함으로써, 재화로서의 금의 유통을 촉진하고, 실물경제에 대응하는 화폐의 발행과 유통을 이룩하면서도, 무분별한 화폐 발행에 따른 금융 질서의 혼란을 예방할 수 있다는 것이었다. 그러나 2008년 금융 위기 당시 발생한 부실채권도 진성어음이었다는 점에서, 진성어음주

는데, 이 같은 우려는 환어음과 같은 여타 유형의 유동자산의 증가를 긍정적으로 평가하도록 이끌었다. 몽테스키외와 다른 사람들은, 과한 강권을 행사하려는 군주의 의지와 그런 능력을 억제할 것이라는 기대가 있었기 때문에 유동자산을 환영했다. 그러나 정부의 이 같은 능력과 일반적인 정부의 권력은 재정 당국이 대규모 적자를 내면서까지 정부의 활동을 재정적으로 뒷받침하지 않는 한 강해질 수 없다. 따라서 이 작가들이 '공채'에 대해 한탄하면서도 환어음의 유통 증가를 두 팔 벌려 환영한 것은 완벽하게 일관된 태도였다.

의는 그 자체만으로 안정적인 통화량 조절 원칙이 되기 어렵다. 또한 현실적으로 각국 중앙은행들은 통화 스왑을 체결하면서 진성어음주의를 깨뜨리고 있다.

본문에서 말하는 흄과 몽테스키외의 입장은 정부가 공공 부채를 지나치게 늘림으로써 (당시는 중앙은행이 독립성을 보장받지 못했으므로) 정부가 발행한 국채를 중앙은행이 매입하는 과정에서 실물경제와 무관하게 화폐 발행량의 증가를 우려하고 있는 것이다. 그러므로 그 논의에서 진성어음주의의 단초를 발견하게 된다는 서술이 가능하다.

진성어음주의에 대한 설명으로는 허찬국, 「금융제도, 효율성이 우선인가 안정성이 우선인가?: 200년 넘은 경제학의 난제」, 한국경제연구원 홈페이지, http://www.keri.org/web/www/issue_04?p_p_id=EXT_BBS&p_p_lifecycle=0&p_p_state=normal&p_p_mode=view&_EXT_BBS_struts_action=%2Fext%2Fbbs%2Fview_message&_EXT_BBS_messageId=150888 (2011년 3월 21일 등록, 2017년 12월 접속) 참조. 진성어음주의와 통화 스왑 협정의 관계에 대해서는 차현진, 「조선은행-중국연합은행 통화스왑으로 전비 조달한 일본」, 『중앙선데이』, http://news.joins.com/article/1892785 6 (2015년 10월 25일 등록, 2017년 12월 접속) 참조.

환어음과 외환 재정 거래를 통해 어떻게 권력자가 무모함과 폭력적 행동에 덜 이끌리게 할 수 있는지를 보여 줄 때 몽테스키외는 『법의 정신』을 펴내기 23년 전에 쓴 짧막한 에세이인 「정치에 관하여」On Politics에서 자신이 개략적으로 묘사한 구상을 그대로 따르고 있다.

> 정치의 관행이 얼마나 도덕 및 이성과 상충하는지를 보여 줌으로써 정치를 직접 공격하는 것은 쓸모없는 일이다. 이런 종류의 말을 들으면 다들 수긍하지만, 그 누구도 변화시키지 못한다. …… 특정한 정치적 관행이 얼마나 실속 없는 것인지 보여 줌으로써 다수에게 그런 관행에 대한 혐오감을 전달하는 것은, 다소 우회적으로 돌아가는 일이 되겠지만, 실질적으로 유용한 일이 될 것이라고 나는 믿는다.[8]

이 같이 몽테스키외는 자신의 핵심적인 정치 원리에 의해 환어음과 외환 차익 거래로부터 생길 법한 유익한 정치적 효과를 발굴하고, 이를 받아들이며, 부풀리기까지 할 동기를 얻었다. 그런 제도와 작동은, 그의 저작의 주요 부분에 영감을 준 정치적 관심사인, 무제한의 권력이 남용되지 않도록 견제할 수단을 찾는 일과 완전히 일치한다. 몽테스키외가 권력분립과 혼합 정부를 옹호한 것은 그가 [서로] 대항하는 권력을 모색하고 있었기 때문이다. 왜냐하면 근본적으로 다른 결론에 도달하고 있음에도 몽테스키외는 "권력을 가진 모든 사람은 그것을 남용하게 되며, 이것은 그가 한계에 이를 때까지 계속된다"[9]는 홉스의 말에 동의하기 때문이다. 그는 1730년 영국에 체류하는 동안 볼링브룩이 발행하던 비판적 정기간행물인 『크래프츠먼』을 읽었고, 그 속에 실려 있던 영어 문구를 자신의 노트에 옮겨 두었다.

> 권력에 대한 사랑은 자연스러운 것이다. 그것은 만족할 줄 모르며, 거의 언제나 버려질뿐더러, 손에 넣는다 해도 식상해지는 일이 없다.[d]

그래서 결과적으로 그는 권력분립의 원리와 여타의 여러 가지 장치들을 고안해 냈는데, 그 이유는 다음과 같은 그의 유명한 문장 속에 들어 있다.

> 권력을 남용할 수 없게 하려면, 사물의 배치disposition des choses를 통해 권력이 권력을 억제하게 해야 한다.[10]

끊임없이 확장되었을 권력을 제어할 수 있는 적절한 사물의 배치는 무엇보다 먼저 정치 체계 내에 다양한 제도적·헌법적 안전장치를

---

d Montesquieu, *Oeuvres complètes,* Vol. II, p. 1358. 몽테스키외의 정치적 원리에 영향을 준 것들을 추적해 가면서, 로버트 섀클턴은 몽테스키외도 사실 "몇몇 외국어 단어를 베끼는 데 어려움을 겪었음에도, 권력과 결부되어 있는 위험에 대한 논증을, 자신의 손으로, 스크랩하면서 재구성하고 있었"던 명백한 흔적을 확인한다. Robert Shackleton, "Montesquieu, Bolingbroke, and the Separation of Powers," *French Studies* 3 (1949), p. 37.

설치함으로써 달성된다. 하지만 저 배치에 도움이 될 만한 다른 요소를 포함하면 안 될 이유라도 있단 말인가? 경제문제에 대해 논의할 때, 몽테스키외는 앞서 지적했듯 획득욕desire for gain은, 권력욕drive for power과 마찬가지로, 자기-추동적이고 만족할 줄 모르는 것이라는 사실을 이미 인식하고 있었다. 그러나 그는 후자의 욕망에 깊은 우려의 시선을 던지면서도 전자에 대해서는 그저 온화하게만 바라보고 있었다는 사실을 우리는 알고 있다. 그러므로 획득 충동ac-quisitive urge이 적절한 사물의 배열에 포함될 수 있는 특정한 방식을 그가 찾으려 애썼던 것은 지극히 당연한 일이었다. 앞서 124쪽에 인용된, 통치자의 정념이 그의 이해관계에 의해 길들여질 수 있다고 본 핵심 문장에서, 그는 대항하는 정념에 대한 당대의 지배적인 관념과 대항하는 권력에 대한 자신의 이론을 결합하고 융합했다. 그는 환어음과 외환 재정 거래를 전제정에 대한 그리고 과한 강권에 맞서는 헌법적 보호 장치의 일부로 열렬히 예찬했다. 경제의 확대가 가져오는 유익한 정치적 결과를 다룬 이런 문구들은 새로운 상공업 시대를 기본적으로 정당화하는 입장을 나타내고 있으며, 그간 간과되어 왔지만 그의 주요한 정치 논제에도 중요한 기여를 한 것으로 간주될 수 있다.

지금까지 제시된 바와 같이, 몽테스키외의 학설은 전적으로 국내의 통치 및 정치를 염두에 둔 것이었다. 실로 그것은 정치사상의 주된 관심사로, 정치사상은 제도적-입헌적 공학을 통해 개혁안이 제안되던 전통적인 무대였다. 그럼에도 17세기와 18세기에는 국제 관계에 대한 관심, 특히 강대국들이 연루되어 있는 항구적인 전쟁 상태에 대한 관심이 점점 더 커지고 있었다. 전쟁을 지배자의 정념의 과잉과 방종에서 기인한 것으로 본다면, 그와 같은 행동을 효과적으로 억누를 수 있는 국내의 정치조직 또는 경제조직의 개선은 그것이 무엇이 되었든 국제적으로도 이로운 결과를 간접적으로 낳을 수 있으며, 그 결과 평화에 도달할 가능성을 높일 수 있다고 보았기 때문이다. 그런데 국제 교역은 국가 간 거래이므로, 평화와 전쟁의 가능성에 직접적인 영향을 끼칠 수 있다고 여겨졌다. 즉 여기에서도 이해관계들이 정념, 구체적으로 말하면 정복욕passion for conquest을 압도할 것으로 간주되었다. 국제 관계에 대한 사고가 상대적으로 덜 발전했던 탓에, 이런 종류의 추측은 대체로 막연한 일반론과 근거가 없는 선언의 형태로 표현되었다.

상업이 국가들 사이의 불화나 화합에 미치는 영향에 대한 일반적인 견해는 실상 17세기에서 18세기에 이르는 사이에 확연하게 달라졌다. 중상주의 학설 때문일 수도 있고, 현실적으로는 시장이 너무나도 제한되어 있었기에 한 나라의 상업이 확장되려면 다른 나라의 상업을 대체해야만 한다는 사실 때문일 수도 있지만, 콜베르는 상업의 성격을 "영원한 전투"로, 조시아 차일드 경*은 "일종의 전쟁"으로 보

---

* 조시아 차일드(1630 추정~1699). 영국의 정치가, 사업가, 경제학자. 대표작으로 『무역과 이자에 대한 간략한 고찰』Brief Observations concerning Trade and the Interest of Money(1668), 『무역에 대한 새로운 논의』A New Discourse

왔다.[11] 상업이 이루어졌던 기본 조건과 학설은 그 뒤로 50년가량 그럭저럭 유지되어 왔다. 그러다 1734년 몽테스키외의 가까운 친구였던 장-프랑수아 멜롱*은 다음과 같이 선언했다.

정복을 추구하는 정신과 상업을 추구하는 정신은 한 나라에서 상호 배타적 관계에 있다.[12]

몽테스키외는 명쾌하게 동의의 뜻을 밝힌다.

상업의 자연적 효과는 평화로 이끄는 것이다. 거래하는 두 국민은 서로 의존한다. 한쪽이 사는 것으로 이익을 얻는다면, 다른 쪽은 파는 것으로 이익을 얻는다. 그러나 모든 결합은 서로의 필요에 기초한다.[13]

상업이 평화에 미치는 영향에 대한 입장의 이 같은 극적인 변화

---

of Trade(1668, 1690)가 있다. 포츠머스 시장 및 동인도회사 총독을 역임했다. 군납, 양조업 등으로 돈을 모았고 여러 차례 주가조작을 통해 큰 부를 축적했다. 단순한 기업이었던 동인도회사를 군대까지 보유한 일종의 식민지 지배 기구로 변모시킨 장본인이기도 하다. 대표적인 중상주의자로 기억되고 있다.

* 장-프랑수아 멜롱(1675~1738). 프랑스의 경제학자. 법률가 집안에서 태어나 법조인으로서 경력을 쌓았으며, 1734년 출간한 『상업에 관한 정치적 에세이』Essai Politique sur le Commerce로 명성을 얻었다. 중농주의의 선구자로 잘 알려져 있다.

는 어쩌면 경제의 확대가 국내 정치에 미치는 영향에 대한 몽테스키외의 생각과 관련이 있을지도 모른다. 즉 상업의 확장이 국내적으로는 통치자의 행동을 제약하는 반면, 국제적으로는 전쟁을 야기한다고 주장하기는 어려웠을 것이다. 특히 전쟁이 '진정한 이익'보다는 (마치 『캉디드』Candide에 묘사된 것처럼) 점점 더 왕가의 야심과 어리석음에 의해 추동되는 것으로 간주되는 시기에 말이다.

사실 몽테스키외가 상업에 대해 무조건적으로 찬양하지만은 않았다. 상업이 평화에 기여한다고 칭송하고 있는 바로 그 장에서, 그는 상업이 모든 인간관계를 돈과 결부하며, 환대와 "자신의 이해관계들만을 엄격히 따지는 인간이 되지 않도록 하는 도덕적 덕목들"[14]의 상실을 불러온다고 애석해하고 있는 것이다.

멜롱에게는 이와 같은 거리낌이 없다. 이와 반대로, 그는 상업이 평화와 안정을 가져다줌으로써 용기와 대범함 같은 자질을 상실하지 않을까 걱정하는 이들을 안심시키고 싶어 한다. 해상 교역 과정에서 끝없이 맞닥뜨리는 항해의 위험 때문에 용기와 대담함 같은 자질들은 단지 살아남는 차원을 넘어 번창할 것이라고 단언한다.[15] 이렇게 상업 활동은 한편으로 전쟁을 예방하는 역할을 하는 동시에 전쟁의 도덕적 대체물 역할도 한다. 모든 것이 실로 최상의 것인 셈이다!

2. 제임스 스튜어트 경

재앙을 초래할 정도의 자의적인 통치에 시달리면서도 명확한 해결 방안이 없던 18세기 중반의 한 국가[프랑스]를 배경으로, 몽테스키외는 과한 강권 및 전쟁에 대한 보호 장치로 상업, 환어음, 재정 거래, 상업에 대한 부분적 의존책을 제시했는데, 이런 해법들은 자포자기 심정에서 나온 궁여지책이거나, 낙관적 상상력의 비범한 도약으로 해석될 수 있다. 반면에 왕권이 절대적이지 않았던 18세기 영국에서는 그렇게 현실과 거리가 먼 방안을 떠올릴 필요가 거의 없었다. 그럼에도 '스코틀랜드 계몽주의자'로 분류되는 정치경제학자 및 역사사회학자들은 18세기 후반 유사한 생각들을 내놓고 있었다.

애덤 스미스, 애덤 퍼거슨, 존 밀러 같은 이들은 경제적 변화가 사회적이고 정치적인 변화의 근본적인 결정 요인이라는 확신을 공통적으로 갖고 있었던 만큼, 어쩌면 그와 같은 확신으로부터 이런 생각이 도출되었을지도 모른다.[16] 그러나 몽테스키외와 유사한 생각을 가장 명시적이고 일반적인 형태로 제시한 바 있는 제임스 스튜어트 경은 훨씬 더 단순한 설명을 내놓는다. 즉 그의 주저인 『정치경제학 원리 연구』(1767)는 그가 영국에서 추방된 뒤, 정치 조건과 경제 발전의 상호 관계가 특히 두드러졌던 유럽 대륙에 체류하는 동안 주로 구상되고 저술되었다. 게다가 몽테스키외의 사유가 일반적인 원리 및 다양한 분석의 논점들 모두에 끼친 영향은 스튜어트 경의 저작 도처에서 분명히 나타나고 있다.

가령 환어음과 재정 거래의 정치적 영향에 관한 몽테스키외의 발상은 "적극적으로 대외 교역의 문을 연 무역 국가에서 발생하는 일반적 결과"를 기술하는 스튜어트 책의 다음 대목에서 뚜렷이 반복되고 있다.

> 정치인은 놀라서 주위를 둘러본다. 왜냐하면 자기 자신을 모든 면에서 일인자로 간주하는 버릇이 있는 그도 잡으려고 시도하면 그의 손아귀에서 벗어나는 사유재산private wealth의 광채 앞에서 자신이 빛을 잃어버리게 된다는 사실을 알기 때문이다. 그의 통치는 이로 인해 수행하기 더 복잡하고 더 어려운 것이 된다. 왜냐하면 이제 그는 힘과 권위뿐만 아니라 기술과 기교를 사용해야 하기 때문이다.[17]

스튜어트가 "부동산"solid property을 소유한 지주와 대조되는 "화폐적 이해관계를 가진 사람들"the monied interest은 [그 정치인의] 시도를 방해하고 "사유재산을 손에 넣으려는 그의 계획"을 좌절시킬 수 있다고 말했을 때, 그는 위와 동일한 발상을 다시 표현하고 있었다.[18]

정치권력의 보유자가 행사하는 탐욕적인 권한과 부당한 자의적 요구를 경제의 확장을 통해 제한하겠다는 이 같은 발상은, 같은 장 후반부에서 그가 "무역과 산업의 확립"이라 부르는 경제 확대의 사회적이고 정치적인 결과를 구체적으로 검토할 때, 좀 더 정교하고 일반적인 형식으로 제시된다.

위에 인용된 구절에서처럼, 스튜어트는 어떤 주목할 만한 문제를 깨닫고 있던 독특한 인물이었다. 중상주의적인 사고에 대단히 친숙했을 뿐만 아니라, 여러 면에서 여전히 중상주의의 영향력하에 있었기 때문에, 그는 무역과 산업이 적절히 경영될 경우, 왕국의 힘이 강화되고, 그 결과 군주의 힘 역시 강화된다는 사실을 알고 있었다. 이와 동시에 실제 사회의 발전을 지켜보았고, 이와 더불어 데이비드 흄과 윌리엄 로버트슨 같은 동료 스코틀랜드인이 제시한 새로운 역사 사상에 친숙했다는 점은 그가 일련의 매우 상이한 또 다른 귀결을 알고 있었음을 시사한다. 즉 무역의 확대는 귀족, 그리고 결국에는 왕을 희생시키며, "중간계급에 속하는 사람들"의 입지를 강화한다는 것이었다. 이렇듯 상반되는 두 개의 분석 또는 추측이 엇갈리는 갈림길에 서있던 스튜어트는 일련의 변증법적 연쇄 사건들 가운데 하나를 통해 대담하게 그 둘을 조화시켰는데, 다른 요소들을 함께 고려해 볼 때, 스튜어트의 사상은 헤겔에게 영향을 미친 것으로 보인다.[19] 그는 진정한 중상주의적 방식으로 "무역과 산업의 도입"은 권력을 잡으려는 정치가의 야심에서 비롯된다고 주장하지만, 또한 어떻게 상황이 상당히 예측 불가능한 방향으로 흘러가는지를 보여 주고 있다.

> 무역과 산업은 …… 근본적으로 스스로의 부를 증진하고자 하는, 그렇게 해서 결국은 주변의 군주들에게 위압적인 존재가 되고자 하는 …… 군주의 야심에 힘입어 발전했다. 그러나 군주들은, 경험이 가르쳐 줄 때까지, 그러한 원천[교역과 산업 -옮긴이]으로부터 자신들이 끌어낸 부

가 단지 샘이 넘쳐흐른 결과에 불과하다는 것을 깨닫지 못했다. 게다가 군주가 소유한 부의 재원을 수중에 갖고 있던, 부유하고, 담대하며, 활기찬 백성들은 만약 그들이 원한다면 군주의 권력을 떨쳐 버릴 수도 있게 되었다. 이 같은 변화의 결과로 말미암아 이전보다 부드럽고 규칙적인 행정 계획이 도입되었다.

국가가 일단 산업의 결과물로 존속되면, 군주의 권력에서 우려할 만한 위험 요인은 거의 없다. 그의 행정 작동 방식은 더욱 복잡해지며, …… 군주는 정치경제학의 법칙에 구속되어 있는 자신을 발견하게 되고, 그런 법칙에 대한 위반은 그를 새로운 곤경에 빠뜨린다.

이 지점에서 스튜어트는 살짝 발을 뺀다.

나는 체계적으로, 헌법에 따라, 그리고 일반법에 의해 운영되는 정부만을 이야기하고 있다. 그래서 내가 군주들을 언급할 때, 내가 말하는 대상은 그들을 보좌하는 이들councils이다. 내가 고찰하고 있는 원칙들은 정부의 냉정한 행정에 관한 것이다. 인간으로서 군주들의 정념, 악덕, 약점에 맞서 방벽을 고안하는 것은 정치학의 또 다른 영역에 속하는 것이다.[20]

그러나 몇 장 뒤에 "근대의 복잡한 경제 체계"가 공적인 업무의 수행에 가하는 "제약"이라는 주제에 이르러서는 이 같은 조심성을 잊어버리고 만다. 즉 그는 다시 이중의 논점을 제시한다. 즉 한편으로 부의 증가는 정치가에게 "전 인민의 활동에 대한 …… 이전 시대에서 제아무리 절대적인 권력을 지닌 정부 아래에서도 전혀 존재한 적이 없는 막대한 영향력을" 부여한다. 그러나 다른 한편으로는 "주권자의 권력은 지극히 제한되는데, 특히 모든 자의적인 권력의 행사가 그러하다"(강조는 스튜어트). 그 이유는 그가 '계획' 또는 '경제계획'이라고 부르기도 한 '근대 경제의 복잡한 체계'*의 본성 때문이다.

> …… 계획의 실행은 모든 자의적인 또는 불규칙한 조치들과 완전히 양립 불가능하다는 사실이 드러날 것이다.

근대 군주가 가진 권력은 그 왕국의 헌정[정체 -옮긴이]constitution에 의해 절대적 힘을 가질 수 있지만, 그의 권력도 우리가 설명하고자 하는 경제계획을 군주가 세우자마자 즉시 제한받게 된다. 군주의 권한은 이전에는 (통나무나 돌 또는 그 밖의 단단한 것들을 쪼개기 위해 아무렇게나 이용

• 'Modern'이라는 단어는 우리가 '근대'라 부르는 시대를 살던 이들에게 '당대'를 의미했다. 그 표현이 정착되어 오늘날 우리에게는 특정한 시대와 그 시대의 산물을 통칭하는 표현으로 쓰이게 된 것이다. 인용되는 글에서 제임스 스튜어트는 본인이 살고 있는 시대의 논의에 적극적으로 참여하고 있으며 그런 맥락 속에서 발화하고 있으므로, 이 인용문뿐만 아니라 근대 초기의 논자들의 인용문에서 'modern'이라는 단어는 대체로 근대로 옮기고 있지만, 맥락에 따라 '근대'와 '오늘날', '현대' 등으로 옮기기도 했다.

할 수 있고, 다 쓰고 나면 한쪽에 던져 놓았다가 편할 대로 가져다 쓸 수 있는) 쐐기의 견고함과 힘을 닮아 있었다면, 그것은 마침내 시간의 진행을 가리키는 것 외에 다른 목적으로는 쓸모가 없으며, 다른 용도로 쓰고자 할 경우, 또는 손재주가 없는 사람이 건드릴 경우, 곧장 망가져 버리고 마는 시계의 섬세함을 닮게 될 것이다.

그러므로 근대 경제는 전제정의 어리석음에 맞서 고안된 가장 효과적인 굴레이다. ……[21]

바로 이것이 원래 몽테스키외가 그 틀을 만들어 낸 발상, 곧 '근대 경제의 복잡한 체계' 덕분에 이해관계가 독단적 통치, '전제정의 어리석음', 간략히 말해 통치자의 정념을 압도하리라는 발상의 또 다른 정식화라고 할 수 있다. 스튜어트는 이번에는 앞에서 보여 주었던 조심스러운 태도를 내던져 버리고 상업과 산업을 "[인간의] 정념, 악덕, 나약함과 맞서는 방벽"으로 분명히 간주한다.

몽테스키외의 경우도 그렇지만, 여기서 선별된 일련의 생각들은 스튜어트의 사상 전체와의 연관성 속에서 좀 더 잘 평가될 수 있다. 몽테스키외의 경우, 상업의 확장이 정치에 미치는 영향에 관한 그의 고찰이 그의 작업의 주요 주제와 매우 잘 들어맞는다는 점을 보여 주는 일은 어렵지 않다. 그러나 스튜어트에게 사람들이 내놓은 첫 번째 반응은 일관성이 떨어진다는 비방이었다. 즉 『정치경제학 원리 연구』는 경제가 안정적인 궤도 위에서 유지되도록 사물을 지속적으로 조종하는 '정치가'statesman[e]의 책으로 오랫동안 알려져 왔으며, 따라서 스튜어트를 위대한 경제학자로 복권하려는 시도는 그를 맬서스, 케인스 및 '통제의 경제학'[22] 등의 선구자로 드러나게 했다. 그렇다면 [이와 같은 모습의] 그가 어떻게 "근대 경제의 도입"이 전례 없는 수준으로 정치가들을 제약하거나 구속할 것이라고 동시에 주장할 수 있었을까?

위 물음에 대한 해답은 스튜어트가 암묵적으로 가정하고 있는 구분, 즉 한편으로는 통치자의 악덕과 정념에서 유래하는 (그리고 몽테스키외가 말하듯, 과한 강권과 매우 밀접하게 연관되어 있는) 권력의 '자의적' 남용과, 다른 한편으로는 공동선만을 자신의 동기로 삼는 가설적 정치가가 수행하는 '미세한 조정'fine tuning 사이의 구분에서 찾을 수 있다.[f] 스튜어트에 따르면 근대에 나타난 경제의 확대는 첫 번째 유형에 속하는 개입을 종식하지만, 경제가 매우 순조로운 궤도를 따르게 하려면 두 번째 종류의 개입이 필요하다.

e 스튜어트는 "정부를 구성하는 방식에 따라, 법을 만드는 혹은 절대적인 권력"을 간략하게 지칭할 때 이 표현을 쓰고 있다. Steuart, *Inquiry*, Vol. I, p. 16. 그러나 일반적으로 스튜어트는 오직 공공선에 대해서만 관심을 갖고 있으며 계몽된 혹은 계몽될 예정인 정책 결정자를 지칭할 때 해당 용어를 사용한다.

f 개인이 움직이는 동기는 자기 이익이지만, "정치가의 내면에서 가장 강력한 것은 …… 공공의 정신이어야 한다"는 주장은 그의 책에서 가장 일반적인 전제이다. Steuart, *Inquiry*, Vol. I, pp. 142~143. 또한 앞서 살펴본 90~91쪽 참조.

스튜어트의 사고가 기본적으로 일관된다는 점은, 그가 '근대 경제학'에 빗대어 표현한 시계의 은유를 통해 가장 잘 이해할 수 있다. 그는 방금 언급한 국가 개입의 두 가지 측면을 차례대로 예시하기 위해 시계의 은유를 두 번 사용한다. 한편으로, 시계는 "손재주가 없는 사람이 건드릴 경우, …… 곧장 망가져 버리고 만다".[23] 이는 구시대의 자의적인 '강권'은 너무도 심각한 대가를 치르게 하기 때문에 중단되어야 함을 의미한다. 다른 한편으로, 바로 그 똑같은 시계는 "계속 고장이 날 것인데, 때로는 용수철이 너무 약하기 때문에, 다른 경우에는 기계가 견딜 수 있는 것보다 용수철이 강하기 때문에 고장이 나기도 한다. …… 그러므로 그것을 바로잡으려면 장인의 손길이 필요해진다".[24] 따라서 선의에 기반한 섬세한 개입이 자주 요구되는 것이다.

이 시점에서 17세기와 18세기에 꾸준히 사용된 비유, 곧 우주를 시계에 빗댄 은유를 떠올리지 않을 수 없다.[25] 이런 은유로부터 신이 직업을 바꾸거나, '도구를 갱신해야'retool 했으리라는 결론이 따라 나온다. 다시 말해, 구약성서의 신이 도공potter이었다면, 그는 이제 위대한 시계 장인이 되었다. 일단 신이 만들어 내고 나면 그 시계는 완전히 스스로 작동한다는 함의가 담겨 있음은 물론이다. 스튜어트의 시계(즉 경제)는 자의적인 외부 개입으로 함부로 변경되어서는 안 되는 정교하게 만들어진 기계장치라는 점에서 신이 창조한 시계(즉 우주)와 공통점이 있다. 하지만 시계의 이미지를 선택함으로써 그는 자의적이고 부주의한 조작[취급]handling이 불가능하다는 점을, 그리고 [이와 동시에] 세심하고 전문적인 '정치가'가 빈번히 그 움직임들을 바로잡을 필요가 있음을 전달하려고 했던 것이다.

3. 존 밀러

몽테스키외와 스튜어트는 모두 상업과 산업의 확장을 통해 군주의 자의적이고 권위주의적인 의사 결정을 근절할 수 있을 것이라 생각했다. 그들의 추론 방식은, 동일하지는 않지만, 유사했다. 몽테스키외는 특정 금융 제도가 새롭게 부상한 결과, 국가가 마음대로 재산을 몰수하고 화폐가치를 떨어트릴 수 있었던 전통적인 권력을 대체로 상실한 상황으로부터 자신의 추론을 일반화한다. 스튜어트의 경우 '근대 경제'의 전반적인 복잡성과 취약성으로 말미암아 군주의 자의적인 결정과 개입은 엄청나게 크고 파괴적인 대가를 불러올 수 있기에, 더는 생각할 수 없는 일이 되어 버렸다.

결국 이 두 경우 모두에서, 군주가 여전히 그렇게 행동하기를 원한다 해도, 이전처럼 폭력적으로 행동하거나 또는 예측 불가능한 방식으로 행동하는 것이 방지되거나 억제된다. 몽테스키외와 스튜어트의 입장은, 이후 간략히 언급하겠지만 중농주의자들이 옹호하던 방침과 유사하게도, 군주가 국가의 번영에 직접 기여하도록 동기를 부여하기보다는 그를 제한하고, 제약하며, 제재하는 방안에 더욱 의존하고 있다.

몽테스키외와 스튜어트가 선택한 '억제 모델'deterrence model, 그중에서도 특히 스튜어트가 제안한 변종 모델은 부연 설명이 좀 더 필요하다. 어쨌든 억제가 실패할 수도 있고, 군주가 제 마음대로 행동하거나 과한 강권을 행사하기로 결심할 수도 있다. 그럴 경우 군주에 맞서 신속하게 동원될 수 있는 세력이 사회 내에 존재하고 있어서, 군주가 그런 결정을 철회하게 하거나 군주의 정책을 수정하게 한다면 그런 상황에서 벗어날 수 있을 것이다. 상업과 산업의 확대가 방해받을 때 그에 유리한 조건을 회복하는 환류 또는 균형 메커니즘이 필요했다. 흄에서 애덤 스미스와 퍼거슨에 이르는 상당수의 18세기 작가들이 기술한 바와 같이, 그와 같은 메커니즘은 상인과 중산층의 발흥 속에 내재되어 있었다. 그런 계급이 정치적 영향력을 점점 더 행사하게 되었을 뿐만 아니라, 집단적인 행동을 통해 다른 이들의 권력 남용에 대응할 수 있게 된 역사적 이유를 명시적으로 제시한 이가 바로 스코틀랜드 계몽주의의 또 다른 걸출한 일원인 존 밀러였다.

그의 사후에 출간된 논문인 「매뉴팩처, 상업, 예술의 발전, 그리고 이런 발전에 의해 자유와 독립 정신이 확산되는 경향에 대하여」 The Advancement of Manufactures, Commerce, and the Arts; and the Tendency of this Advancement to diffuse a Spirit of Liberty and Independence에서, 밀러는 본인의 핵심 주제를 다음과 같이 천명했다.

상업 국가의 경우, 자유의 정신은 주로 두 가지 여건에 달려 있는 것처럼 보인다. 첫째, 재산의 분배 및 생계의 수단과 관련된 사람들의 조건,

둘째, 사회의 다양한 구성원들이 연합하고 서로 협력해 활동하기가 용이한지 여부.[26]

이 같은 개요에 따라, 그는 우선 매뉴팩처[제조업]와 농업에서의 생산성 향상이 이 두 영역에서 어떻게 더 많은 "개인의 독립, 그리고 좀 더 고차적인 일반적 자유 관념의 증대"를 이끄는지 보여 준다. 그는 또한 이 같은 향상은 지난 시대의 특징이었던 부의 극심한 불평등 대신 "계층 구조의 꼭대기에서 밑바닥까지 큰 차이가 없는 부의 분배"를 동반할 것이라고 믿는다.[27]

이와 같은 식으로 상업과 매뉴팩처의 발전이 자유의 정신을 전반적으로 확산시킬 것이라 확신하면서, 밀러는 좀 더 구체적으로, 그런 발전이 압제와 실정에 맞서 집단적인 행동에 나서고자 하는 특정 사회집단의 역량을 어떻게 강화하는지에 대해 지적한다. 로크가 말하는 저항권이 여기서 사회학적 분석에 종속되는데, 이 같은 분석은 길게 인용할 만한 가치가 있다.

…… 일련의 행정관들과 통치자들이 오래된 관습에 의해 확립되고, 무장력으로 뒷받침되는 권위를 가지고 있을 때, 단독으로 있으며 서로 접촉이 없는 인민이 지배자의 압제에 맞서 저항하기를 기대하는 것은 불가능한 일이다. 그와 같은 목적을 위해 단결할 수 있는 그들의 능력은 그들이 처한 특정 상황에 따라 크게 좌우될 수밖에 없다. …… 큰 왕국에서, 인민은 넓은 국토에 흩어져 살기 때문에 …… 강력한 힘을

발휘할 기회가 거의 없다. 서로 상당히 떨어진 작은 마을에 살고 있으며, 연락할 수단마저 변변치 않다면, 그들은 다른 마을에 사는 동포들 다수가 정부의 횡포로부터 겪는 고초에 대해 거의 알지도 못할 것이다. 반란은 다른 도시로 번져 갈 틈도 없이 한 지역에서 진압되고 말 것이다. ……

그러나 상업과 매뉴팩처의 진보로 말미암아 한 국가의 상황은 점차 바뀐다. 최저 생계 수단을 확보하기 쉬워지고, 주민들의 숫자가 증가함에 따라, 그들은 일을 편히 하기 위해 큰 무리를 지어 모여 살았다. 마을이 커져 작은 도시가 되고, 작은 도시들은 인구가 많은 대도시로 팽창한다. 이처럼 사람들이 몰리는 장소에는 육체노동자들과 기술자들이 큰 무리를 이루는데, 이들은 같은 직업에 종사할 뿐만 아니라 지속적으로 교류하는 탓에, 그들의 정서와 정념을 빠른 속도로 주고받는 일이 가능해진다. 이들 가운데 동료들을 조율하고, 그들에게 방향을 제시하는 지도자가 나타나는 것이다. 강한 자가 약한 자에게 용기를 북돋우고, 대범한 이가 주저하는 이를 격려하며, 단호한 이가 흔들리는 이에게 확신을 심어 줌으로써, 대중 전체의 운동은 기계처럼 한결같이 나아가며, 때로는 억누를 수 없는 힘을 갖게 된다.

이런 상황에서 인민의 대다수는 사람들 사이의 온갖 불만에 쉽게 휩쓸리고, 불만에 대한 시정을 요구하면서 수월하게 단결할 수 있다. 한 마을의 사소한 불평이 폭동이 된다. 선동의 불꽃이 이 도시에서 저 도시로 옮겨 붙으며, 대규모 폭동으로 폭발한다.

이런 단결은 국지적인 상황으로부터만 발생하는 것이 아니며, 상업 및 매뉴팩처에서 부수적인 역할을 하는 하층계급의 사람들에게 국한된 것도 아니다. 직업적 목표에 늘 주의를 기울이고 있기에, 상층의 상인들 역시 눈치 빠르게 자신들의 공통 이익을 분별해 내고, 그것을 언제나 지치지 않고 추구한다. 서로 분리된 채 자신의 땅을 경작하는 농부는 자신의 개인적 이익만을 추구할 뿐이다. 한편 땅을 소유한 귀족은 자신이 원하는 것을 충족할 만한 수입을 확보하는 데만 신경을 쓸뿐, 타인이나 자신의 이익에는 대체로 신경을 쓰지 않는다. 반면에 상인은 자신의 개인적 편익을 간과하지 않으면서도, 자신의 이익을 그의 동료의 이익과 연결하는 데 익숙하며, 따라서 정부의 지원을 요구하고, 자신들의 무역에 도움이 되는 전반적인 조치들을 촉진하기 위해 같은 직종에 종사하는 이들과 언제든 힘을 합칠 준비가 되어 있다.

영국에서 이와 같은 대규모 상인 조합의 확산은 금세기 내내 서서히 가시화되고 있는 중이다. 대도시 대중들의 외침과 소란스러운 행동은 행정의 구석지고 내밀한 부분까지 침투할 수 있고, 가장 대담한 장관도 겁먹게 할 수 있으며, 음모를 꾸밀 가능성이 큰 가장 뻔뻔스러운 자를 자리에서 물러나게 할 수 있다. 상인의 이익을 대변하는 사람은 정부의 관심을 끄는 데 결코 실패하지 않으며, 또한 확고하고 모두 의견이 일치할 때는 심지어 국가 자문 회의의 심의 내용을 통제하고 지도할 수 있다.[28]

이 인용문에서 가장 놀라운 점은 폭동 및 그 외의 군중행동에 대해 밀러가 긍정적인 입장을 보인다는 것이다. 수십 년 뒤 앤드루 유어 박사[*]가 자신의 『매뉴팩처의 철학』(1835)에서 증언하듯이, 분위기는 완전히 바뀌게 된다.

> 매뉴팩처는 자연스럽게 막대한 인구를 좁은 구역 안에 집중했고, 음모를 꾸밀 제반 여건을 조성하며, …… 저속한 정신에 지능과 활력을 전달한다. 그들이 주는 후한 임금은 투쟁을 위한 자금을 제공한다.[29]

물론 1835년 무렵에는 매우 '투쟁적인' 노동계급이 등장하고 있었다. 대중행동에 대한 밀러의 낙관적인 태도는 아마도 1760년대와 1770년대에 간헐적으로 런던을 충격에 빠뜨렸던 18세기의 윌크스 폭동^{**}에 기반해 있었던 것으로 보인다.[30] 조지 루데이^{***}가 보여 주

---

* 앤드루 유어(1778~1857). 스코틀랜드의 의사, 화학자. 살인죄로 처형된 매슈 클라이즈데일Matthew Clydesdale의 근육에 전기 충격을 가해 움직이는 모습을 시연한 것으로 유명하다. 다양한 분야에 관심을 보였고, 잉글랜드의 방직공장에 방문한 뒤 『매뉴팩처의 철학』*The Philosophy of Manufactures* (1835), 『목화 산업의 고찰』*Account of the Cotton Industry*(1836) 등의 책을 펴냈다. 『기예, 매뉴팩처, 광업 사전』*Dictionary of Arts, Manufactures and Mines* (1837)이 대표작으로 꼽힌다.
** 존 윌크스(1725~97). 영국의 언론인, 정치가. 급진주의적인 태도와 논설로 인기를 끌었다. 1757년 하원 의원에 당선되었고 이후 의원직을 박탈당하자 그의 지지자들이 시위를 벌였으며 이는 1768년의 성 조지 벌판의 학살 Massacre of St. George's Fields로 이어지기도 했다. 미국 혁명이 터지자 영국의 입장에서 반군인 미국 혁명군을 편들었던 그는 만년에 이르러 급진주의적인 태도를 누그러뜨리며 대중적 인기를 상당 부분 상실했다. 허시먼은

었듯, 이런 폭동들의 특징은 상인을 비롯한 중간계급 구성원들이 '군중'과 동맹을 맺었다는 점인데, 밀러의 묘사에도 이 같은 특징이 잘 나타나 있다.[31] 그렇지만 동시대의 다른 관찰자들은 그와 같은 폭동에 상당히 불안해했다. 그런 폭동으로 말미암아 데이비드 흄은 훨씬 더 보수적인 입장으로 바뀌어, 자유의 전망에 대한 전반적으로 낙관적 평가, 다시 말해 "사람들은 그들이 지금까지 표상되었던 것처럼 그렇게 위험한 괴물이 아니다" 같은 문장들이 『도덕과 정치와 문학에 대한 에세이』의 새로운 판본에서는 삭제되었다.[32] 당시 밀러의 입장은 (혁명가들을 제외한 이들에게) 그다지 설득력을 발휘하지 못했는데, 특히 '전면적인 봉기'의 가능성을 개략적으로 제시하는 대목에서 그랬다. 대체로 넓게 흩어져 살고 있는 농부들과 비교했을 때 상인들은 '직업적 목표에 늘 주의를 기울이고 있'었고, '이익집단'으로 행동하기 위해 스스로를 조직하며, 자신들의 목표를 위해 다른 이들을 규합했고, 고집이 센 정책 입안자들에게 자신들이 품었던 불만 사항을 바로잡을 수 있는 우월한 능력이 있었다는 점을 밀러는 강조했다. 이런 방식으로 밀러가 묘사한 과정은 '분별력 있는 합목적성', '집중

성 조지 벌판의 학살 및 존 윌크스와 관련된 여러 대중적 소요를 거론하고 있다.

*** 조지 루데이(1910~93). 영국의 역사학자. 마르크스주의 입장에서 서유럽의 역사를 기술했고, 특히 '아래로부터의 혁명'에 주목해 역사적으로 발생한 다양한 폭동에 천착했다. 에릭 홉스봄, 크리스토퍼 힐, 에드워드 파머 톰슨 등과 더불어 영국의 마르크스주의 역사학계를 대표하는 인물이었다.

력 있는 성격' 등을 드러내는데, 이는 18세기 서유럽의 폭도들에게서 나타나는 전형적인 특징이었던 것처럼 보인다.[33] 이 폭도들이 영국에서, 그리고 심지어 아메리카 식민지에서, 수행해야 할 '입헌적 역할'constitutional role이 있는 것으로 간주되었듯이,[34] 존 밀러는 경제적 진보를 유지하고 수호하는 매우 이성적이며 유익한 역할을 그들에게 부여했다.

더구나 스튜어트가 '근대 경제'의 작동을 '시계의 섬세함'에 빗댄 것처럼, '상인들'과 그 동맹 세력이 벌이는 운동은 여기서는 '기계처럼 한결같이' 진행되는 것으로 간주되었다. 분명히 밀러는 군주의 정념이 공공의 이익과 경제 확장의 필요성을 오랫동안 지배하지 못하도록 하는 중요하면서도 믿음직한 메커니즘을 자신이 알아냈다고 확신했다. 이런 의미에서 그의 사유는 몽테스키외와 스튜어트의 사유를 완성한 것이었다.

관련되어 있지만 조화를 이루지 못하는 관점들

경제 확대의 정치적 결과에 대한 몽테스키외-스튜어트 식의 관점은 보편적으로 받아들여진 적이 없다. 실제로 프랑스와 영국에서 경제문제에 관한 저술가들 가운데 영향력이 가장 컸던 중농주의자들과 애덤 스미스는 기존의 사유 노선에 아무것도 보태지 못했을 뿐만 아니라, 이후에 보겠지만, 그들 가운데 특히 애덤 스미스는 몽테스키외-스튜어트 식의 관점이 소멸하는 데 다양한 방식으로 기여했다.

이런 두 집단은 중요한 발상과 관심사를 상당수 공유하고 있었지만, 강조점과 결론은 대체로 뚜렷하게 차이가 났다. 가령 경제를 사람의 의지와 상관없이 독립적으로 작동하는 복잡하게 구성된 메커니즘 또는 기계로 바라보는 관점은 중농주의자들이 경제사상에 미친 가장 중요한 공헌 가운데 하나였다.[35] 유럽을 방랑하는 동안 스튜어트는 중농학파의 여러 걸출한 인물들과 접촉했고, 따라서 근대 경제를 시계와 유사한 메커니즘으로 보는 스튜어트의 관점은 그들의 사유 방식으로부터 영향을 받았을지도 모른다.[36] 그러나 중농주의자들은 자신들의 통찰로부터 그 누구도 감히 그 기계의 작동에 간섭하지는 못할 것이라는 스튜어트 식의 예언을 내놓는 대신, 그런 간섭을 사실상 막아 낼 수 있는 정치 질서를 옹호했다.

마찬가지로 중농주의자들과 애덤 스미스는 동시대인들처럼 동산과 부동산의 구분을 중요하게 생각했다. 이와 같은 구분에 힘입어 몽테스키외는 시민들이 동산을 주로 가지고 있는 사회에서 정부가 시민을 대하는 방식은 사적으로 소유되는 부의 기본 형태가 부동산인 사회에서와는 매우 다를 수밖에 없을 것이라는 생각에 가장 먼저 도달할 수 있었다. 『국부론』에서는 이 같은 구분법과 함께 자본 소유자가 다른 나라로 이동할 수 있는 능력이 여러 번 언급되며, 이런 능력이 약탈적인 조세정책을 억제하는 수단으로 인식되고 있다.[37] 그러나 애덤 스미스는 그 이상으로 나아가지 않는다. 중농주의 사유의 근간이 되는 저서인 『농사 철학』*Philosophie rurale*에서 프랑수아 케네[*]와 미라보^{**} 역시 상업 사회에서는 부가 [주로 동산의 형태이기에] 파악하기 어렵다는 특성이 있음을 지적하며, 사실상 몽테스키외와 거의 유사한 분석을 내놓지만, 그 이면에 깔린 정신은 전혀 달랐다.

[상업 사회에서] 모든 소유물들은 남들이 모르는 유가증권, 몇몇 창고, 이자 채무, 무이자 채무 등으로 뿔뿔이 흩어져 있어, 누가 그 소유자인지 알지 못할 정도인데, 그 이유는 그 가운데 무엇이 변제된 것이고, 어느 것이 갚아야 할 것인지 아무도 모르기 때문이다. 물질적인 형태를 띠지 않거나 사람들의 주머니 속에 들어 있는 부는 군주의 권력으로도 잡을 수 없으며, 따라서 아무런 이득도 낳지 않는다. 이는 상업 국가가 되기 위해 전력을 다하는, 다시 말해 자기 자신을 약탈하려는 농업 국가의 정부가 거듭 되새겨야 할 진리이다. 부유한 상인, 무역업

---

* 프랑수아 케네(1694~1774). 프랑스의 의사, 경제학자. 농부의 아들로 태어나 궁정 의사가 되었고, 그와 뜻을 함께하는 지식인들과 더불어 중농주의의 기반을 쌓았다. 1758년 『경제표』*Tableau Economique*를 출간한 것으로 잘 알려져 있다. 『경제표』는 한 국가 내에서 한 해에 생산된 재화와 가치를 순환 형식의 표로 그려낸 것으로, 오늘날 국내총생산GDP 등 거시경제적 조망을 선구적으로 제시했다고 평가받는다.

** 빅토르 리케티 마르키스 드 미라보(1715~89). 프랑스의 경제학자. 『농사철학』에서 케네의 경제표를 해석해 중농주의를 확산하는 데 크게 기여했다. 훗날 정치가로 이름을 떨친 오노레 가브리엘 빅토르 리케티 미라보 백작의 아버지로 본인은 후작 계급을 가진 귀족이었으며 사후 판테온에 안장되었다.

자, 은행가 등등의 부류는 언제나 공화국의 구성원일 것이다. 그가 사는 곳이 어디든, 분산되어 있고, 남에게 알려지지 않는 그 재산의 특성상, 그는 항상 면세 혜택을 누리게 될 것이다. 사람들은 거래가 이루어지는 장소에서만 거래를 볼 수 있다. 당국이 신민의 의무를 다하도록 그들을 강제해 보았자 이는 소용없는 일이다. 다시 말해, 그가 정부 당국의 계획에 따르도록 하기 위해서는 그를 주인처럼 대우하고 국고 세입에 자발적으로 기여하는 것을 가치 있게 여기도록 만들어야 한다.[38]

우선 분명 케네와 미라보는 이처럼 포착하기 어려운 상업과 산업의 성질이 자산이라기보다는 부채이며, 따라서 국가가 이런 활동을 장려하지 않는 것이 바람직하다고 생각했다.[g] 둘째, 그들은 부유한 상인들과 은행가들은 어떻게든 중세적 행동 양식으로 돌아가 [왕으로부터] 독립된 그들만의 나라[단체]를 세우리라는 단순한 가정을 하고 있었다. 그러므로 (그 안에 프랑스도 암암리에 포함되어 있는) '농업 사회' 내 정치적 조직의 문제는 해결되지 않은 채 남아 있게 된다.

마지막으로 짚어야 할 가장 중요한 점은, 통치자의 미숙하고 자의적이며 낭비가 심한 정책들이 경제의 진보를 심각하게 저해할 가

---

g 18세기에 다양한 형태의 유동자산이 전체 부 가운데 중요한 구성 요소로 떠오르면서, 그에 따라 공포와 희망이 동시에 어우러졌는데, 이는 보다 최근 초국적기업이 부상하는 현상이 양가적으로 받아들여지는 것과 여러모로 흥미로운 대구를 이룬다.

능성에 대해 두 부류의 작가들이 모두 우려했다는 것이다. 애덤 스미스는 몇몇 대목에서 그런 정책을 웅변적으로 고발하고 있거니와,[39] 케네의 다음과 같은 비난은 몽테스키외가 말하듯, 군주가 행사하는 과한 강권의 주요 변종들의 목록으로 봐도 무방할 것이다.

…… 국왕과 그 신하들의 폭정, 법의 결함과 불안정성, 행정부의 무질서한 확장dérèglements, 자산에 영향을 미치는 불확실성, 전쟁, 과세에 대한 혼란스러운 의사 결정 등이 국민과 이 나라의 부를 망가뜨린다.[40]

그러나 이번에도 중농주의자들과 애덤 스미스는 정치인이 범하는 이런 종류의 판단 착오들을 '약화하는' 과업을 경제의 확장에 의존해 달성하고자 하지는 않았다. 대신에 그들은 그런 질병을 직접 다루려고 했다. 즉 중농주의자들은 자신들이 정의하는 올바른 경제정책을 보장해 주는 새로운 정치 질서를 찬성했다. 반면에 애덤 스미스는 이보다는 온건하게 특정한 정책들을 바꾸어 가는 것을 목표로 삼았다. 이들 각각의 입장을 살펴보도록 하자.

1. 중농주의자들

정치조직의 문제와 관련해, 몽테스키외와 중농주의자들은 접근 방식에서는 비교적 사소한 차이를 보였지만, 그 작은 차이로 인해 입장을 완전히 달리하게 되었다. 몽테스키외는 군주의 과잉 정념을 효과적으로 제어할 정치적이고 경제적인 제도들을 설계하는 일에 착수한다. 중농주의자들의 야심은 이보다 조금 더 나아가는 것이었는데, 그들은 군주가 자신의 자유 의지에 따라 올바른(즉 중농주의자들의 신조에 부합하는) 방향으로 행동하도록 독려하기를 원했다. 달리 표현한다면, 그들은 권력을 가진 이가 자신의 이익 때문에 일반 이익general interest을 향상해야만 하는 정치 질서를 추구했던 것이다. 이와 같은 이익의 독특한 조화를 추구함으로써 최선의 정부 형태에 대한 홉스의 문제 설정이 제기되었고, 홉스는 민주정이나 귀족정보다도 절대군주정을 선호하는 입장에 도달했다.

> …… 공익과 사익이 긴밀히 결부해 있을수록, 그만큼 공익도 크게 증진된다. 그런데 군주정의 경우 사익이 공익과 일치한다. 군주의 재산, 권력, 명예는 신민들이 재산과 힘과 명성을 지녔을 때 비로소 생겨난다. 신민들이 가난하거나, 열등하거나, 또는 궁핍이나 불화 때문에 적과 전쟁을 수행할 수 없을 정도로 허약하거나 하면, 군주에게는 부도 영광도 안전도 없다. 한편 민주정이나 귀족정에서는 공공의 번영이 부패한 야심가들의 개인 재산을 늘려 주지 않는다. 그러한 사익을 확대하는 데에는 오히려 불성실한 충고나 배임 행위 또는 내란이 더 낫다.[41]

중농주의자들은 그들의 정치 저작들에서 동일한 생각을 답습했으며, 따라서 그들은 몽테스키외가 자신들이 보기에 취약하고 위태로운 정부 형태를 옹호하고 있다고 비꼬았다. 동시에 그들은 자유방

임의 원리 안에서 이해관계들의 조화라는 더 잘 알려진 또 다른 학설을 정식화했다. 이에 따르면, 공공선은 모든 이가 자기 이익을 자유롭게 추구한 결과이다. 이렇듯 두 가지 조화 이론Harmonielehren이 엇갈리는 교차로에서, 중농주의자들은 시장에 대한 정부의 간섭으로부터의 자유를 옹호하는 동시에, 자신의 이익이 '올바른' 경제체제와 결부된 무소불위의 통치자가 그런 자유를 더욱 두텁게 보장하게 해야 한다는 기이한 주장을 펴고 있었던 것이다. 후자의 제도를 그들은 '합법적 전제정'legal despotism이라고 부르며, 앞서 케네가 조목조목 고발한 과오의 원천인 '자의적 전제정'arbitrary despotism과 대립시켰다.[42]

다수the Many와 그들을 지배하는 한 사람the One의 이해관계가 전반적으로 수렴한다는 발상에 의존한 홉스보다 훨씬 더 나아가, 중농주의자들 가운데 일부는 전제군주를 진정 '합법적' 존재로 만들기 위해 특별히 고안된 제도적 장치들을 발명해 냈다. 일단 그들은 군주와 그의 조언자들[대신들]이 공표한 법이 국가의 근본적인 구성 원리에 반영되어 있는 '자연 질서'에 어긋나는 것은 아닌지 심사할 수 있도록 사법 통제 체계를 정교화했다.[43] 그러나 훨씬 더 중요한 안전 장치는 국가의 번영에 국왕의 실질적 이해가 달려 있도록 하는 발상이었다. 이것이 바로 르메르시에 드 라리비에르*가 『정치사회의 자

* 폴 피에르 르메르시에 드 라리비에르(1719~1801). 프랑스의 관료, 중농주의자. 파리 의회의 자문으로 경력을 시작해, 잔 앙투아네트 푸아송 마르키스

연적이고 본질적인 질서』(1767)에서 제안했던 공동재산 제도의 목적이었다.[44] 그의 구상에 따르면 군주는 모든 생산 자원과 순생산물pro-duit net을 고정된 일정 비율로 공동 소유한다. 그 결과 그와 국가 사이에서 벌어지는 이해관계들의 갈등은 종류를 불문하고 상상할 수 없는 것이 되며, 가장 아둔하고 사악한 폭군에게조차도 홉스가 말한 바 있는 이해관계들의 일치가 투명하게 드러날 것이다.

이런 추론 방식을 끝까지 밀어붙인 사람은 바로 영원한 이단자이자, 몽테스키외와 중농주의자 모두를 비판했던 링게*였다. 그는 상당히 논리적인 사람이었던지라, 군주와의 공동 소유 협약만으로는

드 퐁파두르Jeanne Antoinette Poisson, Marquise de Pompadour의 눈에 들어 앤틸리스제도를 관리하는 직책을 맡게 되었으나, 개인적 이익을 취한 혐의 등으로 자리를 잃었다. 이후 공직에서 은퇴해 중농주의자들과 함께 학문 연구에 매진했다. 1767년 『정치적 사회의 자연적이고 본질적인 질서』를 출간해 명성을 얻었다.

* 시몽-니콜라 앙리 링게(1736~94). 프랑스의 변호사, 언론인. 1751년 당시 가장 우수한 대학으로 여겨지던 콜레주 드 보베Collège de Beauvais를 최우등으로 졸업했다. 가톨릭교회에 대한 불경죄로 기소된 뒤 볼테르의 『철학 사전』Dictionnaire philosophique을 소지했다는 등의 이유로 고문받고 처형당한 프랑수아-장 드 라바레François-Jean de la Barre(1745~66)를 변호해 명성을 얻었다. 분야를 가리지 않고 자유롭게 글을 기고했고, 주로 계몽주의 자들에게 날선 비평을 가했다. 점차 정치적 입장을 부르봉가 쪽으로 옮겨 갔으며, 1780년 바스티유에 수감되었다가 2년 후 석방된 뒤 마리 앙투아네트의 지지를 받으면서 더욱 명성이 높아졌다. 프랑스혁명 이후 루이 16세를 변호했고 자코뱅파의 공격 대상이 되어 1794년 6월 27일 단두대에서 처형되었다.

모두가 원하는 이해관계의 일치를 충분히 보장할 수 없다고 생각했으며, 그래서 한 걸음 더 나아가 모든 국부를 통치자가 전면적으로 소유하는 것이 낫다는 결론에 도달했다. 상당히 일관성 있게 그는 '동양적' 또는 '아시아적 전제정'을 칭송하면서 자신이 옹호하는 체제는 다음과 같다고 결론을 내린다.

> 많은 이들이 생각하는 것과 달리 폭정을 지지하는 것이 결코 아니다. 그 체제는 일부 사람들이 신하와의 관계 속에서 왕에게 부과하려 하는 이른바 의존적인 관계보다도 더 제한된 의무를 왕이 짊어지도록 한다. [이런 이상적인 체계는] 그들이 정의로워야 한다고 권고할 뿐만 아니라, 그렇게 되도록 강제한다.[45]

이 구절은 '근대 경제'와 더불어 '전제정의 어리석음'이 불가능한 것이 되었다는 스튜어트의 문구를 강하게 환기한다. 물론 (링게도 그렇거니와) 중농주의자들은, 자신들이 제시하는 설득력 있는 논증의 결과로 계몽된 정치가에 의해 이상적인 정치경제 체제가 구현될 수 있으리라고 기대했던 반면,[46] 제임스 스튜어트 경은 자신이 주장한 바람직한 방향으로의 전환은 경제가 확대되는 과정에서 저절로 나타날 것이라고 생각했다는 점에서 결정적인 차이가 있지만 말이다.

이런 두 가지 관점이 공유하고 있는 입장을 상상해 보기란 그리 어렵지 않다. 마르크스주의로 인해, 역사적 힘들이 어떤 일정한 결과를 향해 가차 없이 나아간다고 믿는 것과 그런 결과를 바라는 사람들은 그런 결과를 발생시키기 위해 전력을 다해 노력해야 한다고 믿는 것이 동시에 가능하다는 생각에 우리는 매우 익숙해져 있다. 실제로 사회과학 분야에서 정책적 방향에 대해 논의하는 저자들은 예측과 처방 사이에서 적절한 비율을 찾는 문제와 늘 맞닥뜨린다. 이제 우리는 이런 관점에서 애덤 스미스가 취했던 대단히 복잡한 입장에 대해 살펴볼 때가 되었다.

2. 애덤 스미스와 어떤 이상의 종말

『국부론』은 개인의 사적 이익을 자유롭게 추구하는 활동을 경제학적으로 강력히 정당화했다는 점에서 중요한 영향을 미쳤다. 반면에 지금까지 살펴본 앞선 시기의 문헌들에서는 개인의 사익 추구의 정치적 영향이 강조되고 있었다. 그러나 『국부론』을 면밀히 읽어 본 독자라면 그 변화무쌍한 저서 속에서 후자의 논의가 발견된다는 사실로 인해 놀라지 않을 것이다. 실제로 애덤 스미스는 책의 한 지점에서 부의 증가와 권력의 축소가 함께 진행된다는 발상을 제시하는데, 그것도 동시대의 그 어떤 작가보다도 멋지고 상세하게 그 일을 해내고 있다. 그것은 봉건제의 쇠퇴를 다룬, 「도시의 상업은 농촌의 개량에 어떻게 공헌했는가?」라는 제목의 3권 4장에 등장한다. 여기서 스미스는 다음과 같이 논의를 시작한다.

상업과 매뉴팩처는 시골 주민들 사이에 질서와 훌륭한 정치 그리고 개인의 자유와 안전을 점차로 도입하는데, 그들은 이전에는 인근 주민들과의 끊임없는 전쟁 상태에서, 그리고 영주들에 대한 노예적인 종속 상태에서 살았다.[47]

그의 논의를 간략하게만 짚어 볼 수도 있겠지만, 그 문장의 분위기를 정확하게 전달하기 위해, 애덤 스미스 본인의 매우 신랄한 어휘를 최대한 사용해 보자.[h] 상업과 산업이 발흥하기 전, 대영주들은 그들에게 완전히 종속된 채로 사병 집단을 이루던 하인들뿐만 아니라, 낮은 소작료를 지불하는 대신 소작권을 보장받지 못하던 소작농들과 자신의 영지에서 발생하는 잉여생산물을 나누어 가졌다. 사정이 이러했기에 "국왕은 …… 대영주들의 폭력을 제약할 수 없었다. …… 대영주들은 자기의 재량에 따라 거의 계속적으로 서로 간에, 그리고 종종 왕에게 전쟁을 도발하고 있었다. 광대한 지역은 아직도 폭력, 약탈, 무질서의 무대였다".[48]

그러나 "외국무역, 매뉴팩처의 조용하고 감지할 수 없는 작업"의 결과로 상황은 달라진다. 이제 영주들에게는, 기존에 자신의 가신들

---

h 이 책의 3권에 담긴 "지혜"에 대해 슘페터가 "무미건조하고 영감을 주지 않는다"고 평가한 것을 선뜻 이해하기는 어렵다. Joseph A. Schumpeter, *History of Economic Analysis* (New York: Oxford University Press, 1954), p. 187 참조.

및 농노들과 나누어 왔던 잉여생산물을 소비할 곳이 생겼다. 즉 "다이아몬드 버클이나 …… 하찮고 쓸모없는 물건들", "인간이 진지하게 추구해야 할 것과는 어울리지 않는, 아이들의 장난감으로나 어울릴, 그런 장신구와 사사로운 물건들" 등과 같이 애덤 스미스는 도시사람들이 내놓는 상품들을 경멸 섞인 태도로 언급했다. 이 상품들은 영주들에게 너무도 매혹적인 탓에 영주들은 가신들을 내팽개치고 소작인들과 보다 장기적인 관계를 맺게 되었으며 이 관계는 점차 사업상 거래와 유사해져 갔다. 결과적으로 "모든 허영 가운데 가장 유치하고 천하고 지저분한 허영과의 교환으로 모든 권력과 권위를 점차 상실해 갔던 것이다".[49] 그리하여 그는 "도시의 시민이나 상인과 다름없게 되었다".[50] 이로 인해 발생한 중대한 정치적 결과는 다음과 같다.

　　…… 대지주들은 더 이상 사법권의 질서정연한 집행에 간섭하거나 시골의 치안을 교란할 수 없었다.[51]

이렇듯 다시 한번 상업과 산업의 발흥은 좀 더 질서정연한 정부를 낳는 데 기여하지만, 그 작동 방식은 몽테스키외와 스튜어트가 언급한 바와는 매우 다른 것으로 봐야 한다. 우선 몽테스키외와 스튜어트는 국왕의 절대적인 권한, 곧 그것의 사용과 남용에 관심을 가졌던 반면, 스미스 그 자신은 봉건영주들의 오만한[과도한]overweening 권력을 문제 삼고 있었다. 둘째, 스미스는 이런 권력이 위축되는 것을 보았다. 그러나 권력의 이런 위축은 대영주들이 이전처럼 제멋대로 권력을 사용하지 않는 것이 자신들에게 이익이 된다는 것을 깨달았기 때문이 아니라, '기예의 발전'progress of arts을 통해 새롭게 열린 소비와 물질적 개선의 기회를 그들이 활용하려고 하는 사이에, 자신도 모르게 자신들의 권력을 내어 주었기 때문에 발생한 것이었다. 사실 이 사건은 이해관계를 통해 정념을 길들인 것이 아니라, 군주의 장기적 이해관계들에 대한 (탐욕과 사치라는) 정념의 승리로 요약하는 편이 더 적합할 듯하다.

애덤 스미스가 채택한 논증의 형식으로 말미암아, 그의 논리를 대영주에서 군주로 확장하기는 어렵다. 스미스가 자신의 논의를 시작하는 초입에 인용하고 있는 흄의 『영국사』에는 '중간계급에 속하는 사람들'의 발흥이, 비록 덜 화려한 용어를 쓰고 있기는 하지만 상당히 유사한 방식으로 제시되고 있다. 게다가 흄은 특히 영주의 권력 상실이 새롭게 부상하는 상인들과 제조업자들뿐만 아니라 군주에게도 유익했다는 점을 구체적으로 지적했는데, 애덤 스미스 역시 본인의 『정의, 경찰, 세입, 그리고 무장에 관한 강의록』[이하 『강의록』]에서 비슷한 논증을 사용했다.[52] 스미스는 중앙정부의 자의적 결정과 해로운 정책 같은 문제가 경제 발전을 통해 개선되리라고 크게 기대하지 않았다. '국왕과 장관들의 변덕스러운 야심'에 대해 논하는 대목에서 스미스는 다음과 같이 분명히 말하고 있다.

인류의 지배자들이 저지른 폭력과 부정의는 오래된 악이며, 그 성질상 치유될 수 없는 것이라 생각된다.[53]

또한 그는 케네와의 논쟁에서, 무시하지 못할 정도의 경제적 진보가 정치 환경의 향상 없이도 가능하다고 주장한다.

······ [케네는 -옮긴이] 사회에서는 각자가 자기 자신의 상태를 개선하려 고 끊임없이 행하는 자연적 노력이 어느 정도 불공평하고 억압적인 경 제정책의 악영향을 여러 가지 점에서 예방하고 시정할 수 있는 건강 유지의 원동력이라[는 것을 생각하지 않은 듯하다. -옮긴이] ······ 자연의 지혜[지혜로운 자연 -옮긴이]가 다행히 인간의 어리석음과 불의로부터 야 기되는 많은 악영향을 치유하기에 충분한 대비를 해주고 있는 것이다.[54]

그는 「곡물무역과 곡물법에 관한 보충설명」에서도 대단히 유사한 논 조를 사용하고 있다.

모든 개인이 자신의 상태를 개선하려는 자연스러운 노력은, 자유롭고 안전하게 발휘될 수 있다면, 너무나 강력한 원동력이기 때문에, 다른 어떤 것의 도움 없이 그것만으로도 사회에 부와 번영을 가져다줄 수 있을 뿐만 아니라, 인류가 만든 어리석은 법률이 개인의 자연스러운 노력에 가하는 수많은 부적절한 방해를 극복할 수 있다.[55]

여기서 스미스는 경제가 홀로 나아갈 수 있다고 주장한다. 즉 상당한 정도로, 경제성장은 정치적 진보를 선결 조건으로 하지 않으며, 그것의 결과로 주어지지도 않는데, 이는 적어도 정부의 최고위 수준에서 그렇다는 것이다.[i] 자유방임이나 최소 국가론과 매우 다르면서도 여전히 오늘날 경제학자들 사이에서 널리 퍼져 있는 이 같은 견해 속에서, 정치는 '사람들의 어리석음'의 영역인 반면, 경제의 진보는, 캉디드의 정원[*]처럼, 이 같은 사람들의 어리석음이 매우 넓고

---

[i] 이 대목 및 이어질 몇 쪽에 걸쳐 필자가 제시할 해석은, 많은 생각을 하게끔 하는 에세이를 통해, 조지프 크롭시가 강하게 주장한 바와 사뭇 다르다고 할 수 있다. Joseph Cropsey, *Polity and Economy: An Interpretation of the Principles of Adam Smith* (The Hague: Nijhoff, 1957). 필자는 "가장 넓은 차원에서 말하자면 스미스의 입장은 상업이 자유와 문명을 견인했고, 동시에 상업의 보호를 위해서는 자유로운 제도가 필수 불가결하다는 것"이라는 크롭시의 주장과 필자의 것을 대조하기보다는, 그저 내 입장을 밝히고 기록해 두는 것에 만족하고자 한다. 크롭시의 해석에 대한 최근의 비판적 평가는 Duncan Forbes, "Sceptical Whiggism, Commerce and Liberty," in A. S. Skinner and T. Wilson, eds., *Essays on Adam Smith* (New York: Oxford University Press, 1976), pp. 194~201에서 확인할 수 있다[조지프 크롭시는 레오 스트라우스와 함께 『서양정치철학사』를 쓴 것으로 잘 알려진 미국의 대표적인 신보수주의 철학자 가운데 한 사람이다. 여기서 허시먼은 신보수주의가 자신들의 사상적 경향을 옹호하기 위해 애덤 스미스를 해석한 방식을 문제 삼고 있다].

[*] 볼테르의 소설 『캉디드 혹은 낙관주의』에서 주인공 캉디드가 스승인 팡글로스 박사에게 내뱉는 대답을 인용한 표현이다. 팡글로스 박사는 "현실의 곤경이 아무리 가혹하더라도 그것은 최선의 결과로 귀결되도록 예정되어 있다"는, 대책 없는 낙관주의에 가까운 입장을 가지고 있다. 팡글로스에게 교육받은 캉디드는 그 철학을 현실에서 실천해 보기 위해 여행을 떠나지만

유연한 경계를 넘지 않는 한 성공적으로 이루어질 수 있다. 스미스는 최소한의 기능만을 수행하는 국가보다는, [정치 또는 정부가] 어리석은 행동을 저지를 수 있는 능력에 어느 정도 한계가 있는 국가를 옹호하고 있었던 것으로 보인다.

애덤 스미스는 몇 가지 중요한 이유로 몽테스키외-스튜어트의 관점을 공유하지 않았다. 첫째로, 그는 자신이 보기에 (몇몇 중상주의 정책처럼) 경제 발전을 저해한다고 생각했던 정부의 '어리석은' 특정 측면에 대한 견해가 확고했기 때문에, 그는 중농주의자들처럼 그런 정책이 저절로 사라질 것이라는 희망의 근거를 찾기보다는, 그런 정책들을 변화시켜야 할 엄혹한 현실로 기술하는 데 전념했다.

둘째로, 스미스는 몽테스키외와 스튜어트처럼 무역과 산업의 새로운 시대가 권력 남용, 전쟁 등과 같은 오래된 악행으로부터 인류를 해방해 줄 것이라고 찬양할 준비가 전혀 되어 있지 않았다. 실제로 물질적 진보에 대한 그의 잘 알려진 양면적 태도는 방금 언급된 역사적 설명 방식 속에 매우 잘 예시되어 있다. 한편으로 그는 자신이 묘사한 과정의 결과로 등장하는 '질서와 좋은 정부 및 그와 더불

엄청난 고생과 곤경을 겪은 뒤 가까스로 고향에 돌아온다. 다시 만난 팡글로스 박사는 본인의 입장을 여전히 고수하고 있으며, 그에 대해 캉디드는 "그러나 우리는 우리의 정원을 가꾸어야 한다"고 대답한다. 낙관주의와 숙명주의를 결합한 태도를 극복하고 자신의 손으로 운명을 극복해야 한다는 신념의 표현으로서 줄곧 인용되는 대목이다.

어 개인의 자유와 안전'에 대해서는 명확히 환영하면서도, 이와 동시에 이런 행복한 결과를 낳았던 사건들의 연쇄와 그 동기들에 대해서는 이례적으로 통렬한 비판을 가했다. 이런 양가적인 태도는 그가 다른 곳에서와 마찬가지로 여기서도 인간 행위의 의도하지 않은 결과를 폭로하고 또한 강조하는 것을 즐겼다는 사실을 통해 최소한 어느 정도 부분적으로 설명할 수 있다. 다만 이 특정 사례의 경우, 스미스가 '보이지 않는 손'의 원리를 지나치게 중시[과대평가]했다고 생각하지 않을 수 없다. 즉 군주들의 '어리석음'에 대해 그가 내보이는 잔인하리만치 냉소적인 설명 방식은 독자들로 하여금 군주들이 자신들의 계급적 이해관계에 대해 어떻게 그토록 무지몽매할 수 있는지 의문을 갖지 않을 수 없게 하기 때문이다.[j]

초기 자본주의에 대한 애덤 스미스의 양가적인 태도는 이 사례에만 국한되지 않는다.『국부론』1권에서 칭송한 분업에 대해 5권에서는 혹평을 퍼붓는 것은 이런 양가적 태도를 보여 주는 가장 유명한 사례라고 할 만하다. 이 같은 대조적인 모습에 관한 많은 글들이 저

---

j 『영국사』(1762)를 썼던 흄이나, 『계급 차별의 기원』(1771)을 썼던 존 밀러 모두 군주들의 권력이 취약해진 원인으로 경제적인 이유를 지목했지만, 그들은 한 사람의 기호에 의존하는 대신 다수의 고객들을 상대하는 '중간계급 사람들'의 새로운 위치에 대한 중요성을 애덤 스미스보다 훨씬 크게 보고 있었다. 존 밀러의 에세이에 대해서는 William C. Lehmann, *John Millar of Glasgow* (Cambridge: University Press, 1960), pp. 290~291를, 흄에 대해서는 앞서 살펴본 제2부의 후주 52를 참조.

술되었다.[56] 여기서 특히 흥미로운 부분은 스미스가 상무 정신martial spirit과 덕성의 상실을 분업과 상업 일반의 불행한 결과 가운데 하나로 간주한다는 점이다. 전자와 관련해, 그는 『국부론』에서 "자신의 일생을 몇 가지 단순한 작업을 하는 데 바치는 사람"을 거론한다.

> 그는 자기 나라의 중대하고 광범한 이해관계들을 전혀 판단할 수 없게 되며, 만약 그가 그런 상태에 빠지지 않도록 국가가 특별히 애쓰지 않는다면, 그는 전쟁이 벌어져도 자기 나라를 방어할 수가 없게 된다. 그의 변화 없는 단조로운 생활은 자연히 그의 정신적 용기도 상실케 하며, 그로 하여금 사병들의 불규칙하고 불안정하고 모험적인 생활을 혐오하게 만든다.[57]

『강의록』에서 그는 상업과 관련해 비슷한 논점을 제시하는데, 여기서는 상업이 [사람들을] 연약하게 하는 사치와 부패를 가져온다는 고전적 '공화주의'의 관점을 전적으로 수용하고 있었다.

> 상업은 인류의 용기를 약화하고 상무 정신을 실종시키는 또 다른 폐해를 낳는다. …… 한 사람에게는 …… 한 분야의 일을 익힐 정도의 시간밖에 없는 만큼, 모든 이가 군사기술을 배우고 이를 지속적으로 훈련할 의무를 지게 된다면 이는 매우 불리한 일이다. 따라서 국방은 그 외에 다른 할 일이 없는 일군의 사람들이 전담하게 될 것이며, 대다수의 인민들 사이에서 군인다운 용기는 소멸하고 말 것이다. 사치스러운 예

술품에 계속 몰두함으로써 그들은 나약해지고 비겁해진다.[58]

이 절을 요약하는 대목에서 그는 다음과 같이 거듭 말한다.

상업의 정신이 갖는 단점들은 다음과 같다. 인간의 정신은 위축되고, 그것의 향상은 요원해진다. 교육은 경멸의 대상이 되거나 기껏해야 무시당하며, 영웅적인 기상은 거의 완전히 사라진다. 이와 같은 결함을 치료하는 데 진지한 관심을 가질 필요가 있을 것이다.[59]

위 구절들을 통해 스미스가 상업과 산업의 발흥이 사람과 정치에 미치는 효과에 주목하지 않은 이유를 살펴볼 수 있다. 다시 말해, 스미스는 상업과 산업의 발흥이 성실함probity이나 사리분별punctuality 등과 같은 긍정적인 효과를 발생시키는 장점이 있다는 것을 알고 있었지만,[60] '상무 정신'이 근대에 초래한 폐해를 더 해로운 것으로 보고, 상업이 초래하는 결과를 칭송한 몽테스키외 등과 달리, 애덤 스미스는 상업이 초래하는 결과 가운데 어떤 것은 해롭다고 생각했다. 몽테스키외는 [상업이 초래하는] 온화함을 반겼지만, 루소는 그리고 어느 정도는 스미스 역시 그것을 부패와 타락으로 여겼다. 이 같은 관점은 그의 스코틀랜드인 동료인 애덤 퍼거슨의 작업에서 완전한 형태로 표현되고 있는데, 스코틀랜드의 '거친'[야만적인]rude 사회와 관계를 계속 유지해 왔던 퍼거슨의 책『시민사회의 역사에 관한 에세이』*Essay on the History of Civil Society*(1767)에는 상업이 확대된 결과 영

국에서 나타났다고 하는 이른바 '세련된'polished 사회에 대한 유보
[의구심]들reservations로 가득 차있다.[61]

  그러나 여기서 논의되고 있는 발상들에 대해 애덤 스미스가 끼친
주된 영향은 다른 데서 찾을 수 있다. 방금 지적한 바와 같이 다양한
측면에서 그는 막 출현한 자본주의가 야만적 정념을 통제함으로써
정치 질서를 개선할 수 있으리라는 몽테스키외-스튜어트적 관점을
공유하지 않았을 뿐만 아니라, 그런 관점을 결정적으로 약화했으며,
어떤 면에서는 그런 관점에 최후의 일격을 가했다. 애덤 스미스는
자신의 가장 중요하고 영향력 있는 저서에서, 사람은 오로지 "[자신
의] 상태를 더 좋아지게 하려는 욕망"에 의해 추동된다고 보았으며,
"재산의 증식은 대부분의 사람들에게 자신의 처지를 개선하려는 수
단"[62]이라며 좀 더 구체적으로 언급한다. 이 같은 언급 속에는, 인간
이 다양한 정념에 의해 이끌려 다니고, 많은 경우 그로 인해 분열되
기도 하며, '물욕'은 그 정념들 가운데 하나에 불과하다는, 인간 본성
에 대한 보다 풍부한 관점이 들어설 자리가 없어 보인다. 물론 스미
스는 여러 가지 다양한 정념들에 대해 충분히 알고 있었고, 실로 중
요한 논고를 그 주제를 논의하는 데 할애하기도 했다. 그러나 애덤
스미스는 바로 그『도덕감정론』에서 이처럼 다양한 정념들을 '재산
의 증식'에 대한 욕구로 정리하기 위한 이론적 길을 정비했다. 흥미
로운 점은 그가 정반대의 작업을 하고 있는 척하면서 그렇게 하고
있다는 사실이다. 왜냐하면 그는 경제 발전을 위한 투쟁 배후에 비
경제적이고 비소비주의적인 동기가 있다는 점을 애써 강조하고 있기

때문이다. 그가 반복해 말하다시피 사람의 육체적 필요는 엄격하게 제한되어 있다.

> …… 우리가 재부를 추구하고 가난을 피하고자 하는 것은 인간의 감정에 대한 이런 고려 때문이다. 이 세상 사람들이 온갖 고생을 다하면서 야단법석을 떠는 것은 무엇을 위해서인가? 탐욕과 야망, 부와 권력 및 탁월함을 추구하는 목적은 무엇인가? …… 인류 사회의 각계각층의 사람들 모두에게서 나타나는 경쟁심은 어디에서 생기는 것인가? 그리고 소위 자신의 지위의 개선이라고 하는 인생의 거대한 목적을 추구하는 것은 어떤 이익이 있어서인가? 남들로부터 관찰되고, 주의와 주목을 받는다는 것, 그리고 그들로부터 동감과 호의와 시인을 받는다는 것이 바로 그것으로부터 얻을 수 있는 이익이다. 우리의 관심을 끄는 것은 안락함이나 즐거움이 아니라, 허영이다.[63]

여기서 명예, 품위, 존경, 인정 등에 대한 갈망은, 홉스와 그 밖의 17세기 작가들에게 그랬던 것만큼, 인간의 기본적인 관심사로 간주되고 있다. 그러나 곧 보게 되겠지만, 홉스는 그런 갈망을 '필수적인 것에 대한 관심'과 구별했다. 좀 더 명시적으로, 루소는 한정된 양의 재화를 획득해 우리의 '실제적인 필요'real needs를 충족하는 것을 목적으로 삼는 자기애amour de soi와, 동료들의 승인과 존경을 목표로 삼으며 정의상 한계가 존재하지 않는 자기 편애[자존심]amour propre 사이에 근본적이며 널리 알려진 구분선을 그었다.[64] 따라서 그는 다음과 같이 말한다. "우리의 모든 노동은 오직 두 가지 대상에 근거하여 지도된다. 즉 자신에게는 삶의 편의, 그리고 타인들 사이에서의 존중이 그것이다."[65]

이렇듯 인간의 모든 '노동', 다시 말해 그 모든 충동들과 정념들을 단지 두 개의 범주로 배열[분류]하는 것은 이미 엄청난 규모의 단순화를 나타낸다. 앞서 인용된 『도덕감정론』에서 애덤 스미스는 두 범주를 하나로 전환하는 마지막 환원주의적 조치를 취한다. 즉 경제적 발전을 향한 충동은 더 이상 자율적인 것이 아니라, 존경을 받으려는 욕망의 단순한 수단이 된다. 하지만 마찬가지 이유에서, 비경제적인 충동은, 그것이 제아무리 강력하다고 하더라도, 경제적 충동으로 흘러들어 가기 위한 것이며, 그것을 강화하는 기능만을 한다. 따라서 비경제적 충동은 이제까지 인정되어 온 독립적 실존을 박탈당한다.

두 가지 결론이 따라 나온다. 첫째, 『도덕감정론』과 『국부론』의 양립 가능성을 둘러싼 난제, 즉 그 유명한 애덤 스미스의 문제에 대한 해법이 어쩌면 여기에 있을지도 모른다. 『도덕감정론』에서 스미스는 인간의 느낌과 정념을 광범위하게 다루었지만, 또한 '절대 다수의 대중들'의 주요한 인간적 충동은 자신의 물질적 복지를 증진하는 것이라고 확신했다. 그러고는, 매우 논리적으로, 『국부론』에서 그는 인간의 행위가 너무도 명백하게 수렴하는 이와 같은 목표가 어떤 조건 아래에서 달성될 수 있는지에 대해 자세히 검토해 갔다. 애덤 스미스는 경제적 행위의 비경제적 원천을 강조해 왔는데, 그 결과 그는 인간성의 또 다른 중요한 차원에 대한 그의 앞선 관심과 완벽하게 일관된 방식으로, 경제적 행동에 집중할 수 있었다.

여기서 논의되는 이야기의 관점에서 볼 때, 두 번째 결론은 더욱 중요하다. 야심, 권력욕, 존경받고 싶은 욕망 등이 모두 경제적 개선을 통해 충족될 수 있다고 주장함으로써, 스미스는 정념이 정념과 겨룰 수 있다거나, 이해관계가 정념과 겨룰 수 있다는 생각을 약화했다. 그와 같은 사유의 흐름은 순식간에, 말도 안 되는 것은 아니지만, 이해 불가능한 것이 되어 버렸고, 주요한 정념들이 하나의 단단한 집합체로서 서로를 뒷받침해 주는 것인 양 간주되었던 베이컨 이전 논쟁의 장으로 되돌아가게 되었다.[k] 따라서 스미스 자신이 『국부론』의 중요한 한 대목에서 정념을 이익들과 거의 동일시하고 있다는 것은 놀랄 일이 아니다. 그 대목에서 시장 사회의 작동 방식은 다음과 같이 묘사되고 있다.

따라서 개인들의 사적 이익들과 정념은 자기의 자본을 사회에 가장 유리한 투자 부문으로 자연스럽게 돌리게 한다. 그러나 만일 이 자연스러운 선호 때문에 그들의 자본을 너무 많이 그 투자 부문에 돌린다면, 그 부문의 이윤 감소와 다른 모든 부문에서의 이윤 증대는 즉시 그들로 하여금 이런 잘못된 배분을 바꾸게 한다. 그러므로 법의 개입이 전

k 앞서 살펴본 50쪽 참조.

혀 없다면, 사람들의 사적 이익들과 정념은 자연스럽게 그들로 하여금 사회의 자본을 사회 전체의 이익에 가장 잘 일치하는 비율로 다양한 투자 부문에 배분하도록 한다.[66]

로앙 공작이 『그리스도교 세계의 군주 및 국가의 이해관계에 관하여』를 쓴 이래 한 세기 반 동안 대체로 반의어로 간주되어 왔던 '이익들'과 '정념들'이라는 두 용어가 여기서는 무려 두 번이나 동의어로 등장하고 있다. 물론 이에 대해 어떤 의식적 또는 의도적 요소가 있다고 간주하는 것은 억측일 수도 있겠으나, 그럼에도 이와 같은 언어 선택은 이익들과 정념들의 대립에 기반한 자기 이익이라거나 이익들이 정념들을 길들이는 능력이 있다는 식의 믿음의 바탕에 깔린 논거를 일소한 것과 다름없다. 방금 인용한 문단은 스미스 자신의 논거, 말하자면 모든 사람이 자신의 사적 이익을 추구하는 것이 허용될 때 '전체 사회'의 물질적 복지가 개선된다는 발상을 왕좌에 올려놓았으며, 이와 동시에 이런 논법을 사용함으로써 경쟁 논거들이 파괴되어 버리는 부수적 효과까지 발생했던 것이다.

여기서 정념이 이익들의 동의어로 번거롭게 사용된 이유를 하나 꼽자면, 스미스가 지난 시대의 작가들과는 상당히 동떨어진 태도로 '인류의 대다수 군중들'great mob of mankind을, 즉 평균적인 사람들과 그들의 행태를 고려하고 있었기 때문일 것이다. 오랜 전통에 따르면, 의무와 이성에 반하는, 또는 서로 충돌하는 여러 고상하거나 저열한 정념에 의해 추동되는 사람은 주로 귀족이었다. 군주에 대해 논하던 마키아벨리는 [군주] "그 자신의 정념은 …… 인민의 그것보다 훨씬 더 강하다"[67]라는 것을 공리로 삼고 있었다. 또는 홉스가 표현하고 있듯이, "모든 인간은 명예와 높은 지위를 자연스럽게 갈망한다. 하지만 그들은 주로 필수품들에 대한 걱정이 거의 없는 이들"과, [명예나 권력 등을] "갈망하지 않았다면, 결핍에 대한 두려움 없이, 편안하게 살고 있을 이들"이다.[68] 바로 이런 이유에서, 일반적으로 정념과 그로부터 유래하는 갈등을 다루는 비극 및 '고급' 문학의 여타 형식들에서는 현재 또는 과거의 귀족들만이 주요 인물로 적합하다는 듯이 다루어져 왔다.[69] 평범한 인간은 그렇게까지 복잡한 존재로 간주되지 않았던 것이다. 그의 주요 관심사는 생계유지와 물질적 개선으로, 그것들은 대체로 목적 그 자체로 간주되거나, 기껏해야 존중과 존경을 받기 위한 대용물[수단]로 간주되었다. 이 때문에 평범한 인간은 정념이 없거나, 정념이 있다고 해도 그의 정념은 이해관계의 추구를 통해 충족될 수 있을 것이었다.

이와 같은 다양한 이유로, 스미스보다 빛나던 선각자들의 사유에 영향을 끼친, 정념에 사로잡힌 행동에 대한 이해관계의 영향이라는 주제는 『국부론』에 의해 종말을 맞게 된다. 스미스 이후 학술적이고 정책적인 논쟁은 주로 사회의 구성원 각자 자신의 (물질적) 복지를 추구하도록 내버려 둘 때 일반의 (물질적) 복지가 가장 잘 달성된다는 스미스의 전제를 둘러싸고 전개되었다. 이 전제가 과거의 문제를 잊게 할 정도로 성공을 거둔 이유는, 무엇보다도 지성사의 관점에서 설명될 수 있을 것이다. 맨더빌이 유사한 생각을 전개하면서 보여 준 모순된 방식을 스미스는 조심스럽게 회피하고 또 부정했지만, 그의 전제는 여전히 후대의 경제학자들이 분류하고 풀어 나갈 지적인 수수께끼로 가득 차있다. 게다가 그 전제와 거기서 도출된 학설은 성공적인 패러다임이 갖추어야 할 또 다른 요건을 충족했다. 즉 그 전제는 눈부시게 탁월한 일반화였지만, 이전까지 자유롭게 전개되던 사회사상의 탐구 영역을 상당히 축소했고 그리하여 지적인 전문화와 직업화를 가능하게끔 했다는 점에서, 성공적인 패러다임에 필수적인 또 다른 요구 조건을 갖추었다고 할 수 있다. 하지만 상업과 상업의 확장이 정치에 미치는 영향에 대한 그들의 낙관론이 프랑스대혁명과 나폴레옹전쟁 시대에 살아남을 수 없었으리라는 것은 전혀 놀랄 만한 일이 아니었다. 따라서 몽테스키외-스튜어트적 관점의 소멸은 더 넓은 역사적 요소와 함께 추적되어야 할 것이다.

HTRSCHMAN

몽테스키외–스튜어트의 이상은 어디서부터 잘못되었나

유대인들의 오래되고 잘 알려진 어떤 이야기 속에서, 크라쿠프에 살던 랍비가 어느 날 기도를 하다가 갑자기 울부짖으며 자신이 320킬로미터 떨어진 바르샤바에 사는 랍비가 죽는 모습을 방금 보았노라고 말했다. 크라쿠프의 회랑에 모여 있던 군중들은 한편으로는 슬퍼하면서도, 자신들의 랍비에게 천리안이 있다는 것에 대해 큰 감동을 받았다. 얼마 후 바르샤바로 여행을 간 크라쿠프의 유대인들은 놀랍게도 바르샤바의 늙은 랍비가 건강한 상태로 직무를 여전히 수행하고 있는 것을 목격했다. 여행에서 돌아온 이들이 그 소식을 신자들에게 전하자 비웃음이 퍼져 나가기 시작했다. 그러자 믿음을 잃지 않은 몇몇 신도들이 랍비를 두둔하고 나섰다. 랍비가 구체적인 부분들에서 틀렸을지 모른지만, "그래도, 대단한 천리안 아닌가!"

겉보기에 이 이야기는 반대 증거에도 불구하고 자신의 믿음을 합리화하는 인간의 능력을 조롱하는 것처럼 보인다. 그러나 좀 더 깊은 수준에서 보면, 이 이야기는, 설령 그것이 오류를 범했다 해도, 상상력이 풍부하고 예측적인 사유를 옹호하며 찬양하고 있는 것이다. 바로 그런 해석은 지금까지 여기서 다루어 온 지성사의 사건과 적절하게 맞아떨어진다. 경제의 확대가 정치에 미치는 유익한 결과에 대한 몽테스키외-스튜어트의 예측들은 정치경제학의 영역에서 상상을 통해 나온 위업이며, 그 위업은 설령 역사가 이 같은 예측들이 실질적으로 틀렸다고 입증했다 해도 여전히 경이로운 것으로 남아 있는 것이기도 하다.

그런데 과연 [몽테스키외-스튜어트의 예측이] 틀린 것으로 입증되었나? 이 질문에 대한 대답은 바르샤바에 살고 있던 랍비의 사망 여부처럼 쉽게 내릴 수 있는 것이 아니다. 나폴레옹시대 이후 이어진 한 세기는 어찌되었건 상대적으로 평화로웠으며 '전제정'이 쇠퇴하기도 했다. 그러나 우리 모두 알고 있다시피, 그 뒤로 뭔가 굉장히 뒤틀리기 시작했으며, 20세기의 눈을 통해 보자면 그 뒤의 사건들을 통해 몽테스키외-스튜어트의 희망찬 전망이 찬란하게 꽃을 피웠다고 말할 수 있는 사람은 없을 것이다. 그럼에도 그 이상이 완전히 실패해 버린 것은 아니라는 점은 반드시 지적되어야 한다. 몽테스키외와 제임스 스튜어트가 관찰했던 힘은 자신의 힘을 발휘할 수도 있었지만, 반대 방향으로 작동하는 다른 힘들에 의해 아슬아슬하게 압도당했던 것이다. 그렇다면 반대 방향으로 작동한 힘은 무엇이었을까?

이 질문을 탐구해 가다 보면 정치경제학에서 18세기의 예언자이자 선구자였던 두 사람[몽테스키외와 스튜어트]이 놓치고 말았던 경제 구조와 정치적 사건 사이의 연결 고리가 떠오를 수 있다. 그런 연결 고리들은 사실 18세기와 19세기의 몇몇 작가들에 의해 이내 주목받았는데, 그들은 선구자들의 사유 전통을 이어받으면서도, 여기에 전제를 달거나 단서를 붙이면서 결국 그들과는 매우 다른 결론에 도달했다.

그와 같은 종류의 저작에 대한 간단한 개관은 1789년부터 1791년까지 국민의회Constituent Assembly 의원직을 역임한 뛰어난 연설가 앙투안 바르나브*가 기요틴 아래에서 죽음을 맞이하기 직전에 쓴, 당대 역사에 대한 중요한 해석이 담긴 『프랑스혁명 입문』*Introduction to the French Revolution*에서 시작할 수 있다. 그의 작업에서 사회 계급을 강조한 덕분에 바르나브는 마르크스주의를 선취한 사람 가운데 한 명으로 명성을 얻었지만, 정작 그는 스스로를 몽테스키외를 흠모해 추종하는 사람이라고 생각했다. 실제로 「상업이 정부에 미치는 영향」Effect of Commerce on Government이라는 짧은 논문은 그의 스승과 매우 비슷하게 시작한다.

---

* 앙투안 피에르 조제프 마리 바르나브(1761~93). 프랑스의 정치가. 프랑스 혁명 당시 삼부회 의원으로 선출되었으며 1790년 10월 국민의회 의장이 되었으나, 로베스피에르와 당통 등의 급진적인 입장에 맞서 입헌군주제를 지지하며 보수적인 입장을 견지하다가, 1793년 처형당했다.

상업은 대외적으로는 평화에, 대내적으로는 평온에 우호적이며, 기성 정부에 애착을 느끼는 거대한 계급을 발생시킨다.

하지만 그 뒤로 완전히 다른 생각이 뒤잇는다.

상업 국가의 도덕은 상인의 그것과 전적으로 일치하지 않는다. 상인들은 검소하지만, 일반의 도덕은 낭비적이다. 상인은 스스로의 도덕성을 유지하지만, 공중의 도덕은 방탕하다.[1]

맨더빌과 애덤 스미스가 개인이 자신의 악덕 또는 단순히 말해 자신의 이익을 추구하는 것만으로도 사회 복리에 기여할 수 있다는 것을 보여 주었듯이, 바르나브는 부분에게 바람직한 것이 반드시 전체에게도 그런 것은 아니라는 주장을 펼친다. 하지만 이 같은 '구성의 오류'[합성의 오류][a]는 그 이전의 명제를 뒤집기 위해 환기된 것이다. 즉 바르나브는 개인들의 미덕을 종합해도 국가적으로는 덕성과 전혀 무관한 결과를 낳을 수도 있다고 주장한다. 그는 왜 이런 일이 벌어지는지에 대해서는 제대로 설명하지 않은 채, 자신이 다루고 있는 특정 상황과 관련해서만 그런 역설을 주장하고 있을 따름이다.

a 폴 새뮤얼슨에 따르면, 구성의 오류는 경제학에서 가장 기본적이면서도 특징적인 원리 가운데 하나로 주의를 기울여야 한다. Paul A. Samuelson, *Economics*, 3rd edn. (New York: McGraw-Hill, 1955), p. 9 참조.

그럼에도 구성의 오류로 말미암아 사회적 과정은 몽테스키외가 확신에 차 가정했던 것보다 훨씬 덜 투명할뿐더러 다루기 쉽지 않다는 것을 그는 설득력 있게 전달하고 있다.

바르나브는 사회와 정치를 온화하게 만드는 상업의 양성 효과에 대한 통상적인 지혜를 상찬한 뒤 그 주장에 단서를 붙이는데, 이 같은 논지 전개 방식은 애덤 퍼거슨, 그리고 훗날 알렉시 드 토크빌에 의해 더욱 파괴적인 방식으로 수행되었다.

스코틀랜드 씨족 출신이자 스코틀랜드 계몽주의를 형성한 사상가 집단의 일원이기도 했던 퍼거슨은, '무례하고 야만적인' 국가들에 비해 '세련된' 나라들이 성취해 낸 발전에 대해 특히 양가적인 감정을 지니고 있었다. 애덤 스미스와 마찬가지로 그는 분업과 상업이 개별 시민들의 인격 및 사회적 유대에 미치는 부정적인 영향을 거론했다. 그는 『시민사회의 역사에 관한 에세이』(1767) 서두에서부터 이 같은 부정적 영향을 강조하고 있을뿐더러, 이에 대한 비판을 좀 더 일반적인 차원에서 정식화했다. 그 과정에서 그는 "인간이 멀리 떨어져 고립적으로 살아가고", "자신의 동료를 자신에게 이윤을 가져다주는 젖소나 농토처럼 대하"며, "애정 어린 유대가 무너져 버린", "…… 상업 국가의 지배적인 정신"[2] 상태를 가까운 친족으로 이루어진 부족사회의 특징인 유대감과 대조함으로써, 청년 마르크스뿐만 아니라 뒤르켐과 퇴니에스*의 업적까지도 선취해 냈다.

이와 동시에 퍼거슨은 경제의 확대가 정치에 미치는 좀 더 광범위한 영향에 대해 애덤 스미스보다 더욱 적극적으로 예측하려 했는

데, 이는 특히 우리의 논의 전개에서 흥미로운 지점이다. 그는 『시민
사회의 역사에 관한 에세이』의 말미에 이르러 짐짓 정통파적인[기존
의 입장을 받아들이는 듯한] 태도를 취하며 운을 뗀다.

소수의 특이한 경우를 제외하고 나면, 상업의 기술과 정치의 기술이
함께 발전한다는 점이 발견되었다.

이어지는 대목에서도 그는 여전히 몽테스키외와 제임스 스튜어트의
논조를 충실히 따르고 있다.

몇몇 국가들에서 이윤을 확보하고자 하는 상업의 정신은 정치적인 지
혜를 이끌어 냈다.[3]

게다가 그는 말하자면 부유한 시민들은 '지배자 행세를 하는 자들에
게 위협적일' 수 있다는 논변도 제시하는데, 이 논변은 훗날 여러 논

* 페르디난트 율리우스 퇴니에스(1855~1936). 독일의 사회학자로, 공동사회
  Gemeinschaft와 이익사회Gesellschaft라는 개념을 창안한 것으로 잘 알려져
  있다. 주저로는 『공동사회와 이익사회』, 『사회학의 근본 개념』, 『지역사회
  와 이익사회』 등이 있으며 이 가운데 『공동사회와 이익사회』는 국내에 번
  역 소개된 바 있다. 봉건사회를 공동사회로 파악하고, 그것을 파괴하며 등
  장한 근대사회를 이해관계가 지배하는 이익사회로 개념화한 것이 그의 업
  적으로 꼽힌다.

쟁을 통해 눈에 띄게 강조되기도 했다.

그러나 곧이어 그는 훨씬 긴 분량을 할애해 개인적인 부에 대한 집착이 정반대의 방향, 즉 '전제 정부'[의 탄생]로 향할 수 있는 이유를 자세하게 설명한다. 그런 이유들 가운데에는 오랫동안 '공화주의적 전통'[4]에서 통상적으로 거론되어 왔던 항목, 즉 공화국이 사치와 방탕 탓에 부패하고 마는 것도 포함되어 있다. 하지만 퍼거슨은 여기에 새롭게 주목할 만한 몇 가지 생각을 더 추가해 넣는다. 예컨대 그는 "자유를 지탱하고 있는 토대가, 전제정을 뒷받침하는 역할을 할 수도" 있는 이유로서 재산을 잃게 될지 모른다는 공포와 "가문의 상속자가 풍요로운 삶을 누리는 와중에도 스스로를 무일푼이며 가난하다고 여기게" 되는 상황을 열거하는 것이다. 그의 논의에 따르면, 실제로 벌어지거나 두려움의 대상이 되는 사회적 계층 하락이 불러오는 상대적 박탈감과 르상티망ressentiment[*]은 탐욕스러운 사회 및

---

* '원한'이라는 뜻의 프랑스어이나, 키르케고르 이후 니체가 철학 용어로 만들었고, 막스 셸러에 의해 의미가 더 확장된 철학·사회학 용어. 니체의 경우, 사회적 지위가 낮으며 신분상 비천한 '대중'들이 미적 탁월성에서 비롯한 고결한 가치를 담지하는 '귀족'들을 향해 품는 원한 감정을 뜻한다. 셸러는 니체와 달리 윤리가 아름다움에서 비롯한다고 생각하지 않으며 독자적인 가치와 체계를 인정하는데, 그런 전제하에 더 높은 가치를 지향하는 것을 '윤리', 낮은 가치를 지향하는 것을 '르상티망'이라 지칭한다. 여기서 허시먼이 르상티망이라는 용어를 사용하는 것은 특정한 학자의 용어를 그대로 차용했다고 보기 어렵다. 니체와 셸러 모두 사회주의를 르상티망의 발현으로 바라보았던 점을 놓고 볼 때, 경제적 변동 및 대중사회의 출현에

그 사회의 혼란스러움과 내적으로 긴밀하게 얽혀 있으며, 그와 같은 감정이 토양이 되어 현실 또는 상상 속의 공포를 막아 낸다는 '강한' 정부의 약속을 그것이 무엇이든 받아들이게 된다.[5] 나아가, 상업은 평온[안정]tranquility과 효율성에 대한 욕망을 형성하는데, 이 또한 전제정을 등장시키는 또 다른 원천이 될 수 있다.

> 우리가 때때로 정부로부터 얻고 싶은 최상의 성과가, 정부가 제공하는 어느 정도의 평온이라면, 또한 입법과 행정의 여러 부문에서 이루어지는 공적 업무가 상업과 영리적 기술들에 가능한 최소한의 간섭만으로 행해지는 것이라면, 그와 같은 상태는 …… 우리가 상상하고 있는 것보다 훨씬 전제정에 가깝다.
>
> 우리가 국민의 행복을 …… 공평한 행정에 수반될 수 있는 평온에 의해서만 측정하는 것만큼 자유에 위험이 되는 것은 없다.[6]

경제를 섬세한 시계에 비유한 제임스 스튜어트의 은유가 지니는 또 다른 측면이 바로 여기에 있다. 단지 시계가 계속해서 안정성·규칙성·효율성을 유지해야 할 필요성 때문에 군주의 변덕을 막아야만 하는 것은 아니다. 퍼거슨은 그것이 권위주의적 통치를 옹호하기 위한 핵심적 논변으로 동원될 수 있다는 사실을 정확하게 간파했는데,

따라 구시대적인 가치를 부정하고 평등주의적 가치를 추구하던, 많은 경우 분노를 포함한 정서를 의미한다.

실제로 중농주의자들이 그랬고, 이후 두 세기에 걸쳐 이 같은 논변이 되풀이되기도 했다.

퍼거슨 이후 70여 년이 지난 7월 왕정*하에서 저술 작업을 했던 토크빌 역시 경제적 진보가 자유에 미치는 영향에 대해 대단히 유사한 양가적 감정을 표출하고 있었다. 『아메리카의 민주주의』의 한 장에서 그 또한 일단은 통상적인 지식을 반복하고 있다.

> 티레인에서 피렌체인이나 영국인에 이르기까지, 상공업에 종사하는 민족들 중에서 자유를 누리지 않는 민족이 하나라도 있었는지 나는 알지 못한다. 따라서 자유와 상공업, 이 두 가지 사이에는 어떤 긴밀한 연결과 필연적인 관련이 있다고 할 수 있다.[7]

비록 이 구절이 빈번하게 인용되고 있긴 하지만,[8] 토크빌은 그보다 앞서 퍼거슨이 그랬듯이, 해당 장의 남은 부분들에서는 이와는 정반대의 관계가 지배적인 상황들을 서술하는 데 훨씬 더 많은 분량을 할애하고 있다. 그는 프랑수아 기조가 시민들에게 "부자가 되십시

• 오를레앙 공 필리프가 프랑스의 국왕으로 재임한 1830~48년을 일컫는다. 필리프는 자본가들의 지지를 받아 국왕이 되었기에, 자본가들의 활동에 유리한 방향의 정책을 펼쳤으며, 철도 건설 등 산업혁명의 첫발을 디뎠다. 그러나 직접세를 상당 액수 이상 지불한 이들에게만 투표권을 제공함으로써 소시민과 노동자의 참정권을 허용하지 않았다. 참정권 운동의 확대로 위기를 겪다가 1848년 2월 혁명으로 붕괴했다.

오!"Enrichissez-vous!*라고 선언했던, 루이 필리프 치하 프랑스의 상황을 우려하고 있었다. 당시 프랑스의 상황에 대해 발자크는 아래와 같이 썼다.

[이 프랑스에 -옮긴이] 군림하고 있는 사람이 국왕 루이 필리프라고 생각한다면 …… 착각입니다. 국왕 자신도 그런 착각을 품고 있지는 않을 테니까요. 그 역시 우리 모두와 마찬가지로 루이 18세의 헌장보다 더 위에 신성하고, 황송하고, 견고하고, 상냥하며, 우아하고, 아름답고, 고귀하고, 싱싱하고, 전능한 5프랑 화폐가 계시다는 걸 잘 알고 있으니까요![9]

이 같은 개탄은 몽테스키외와 제임스 스튜어트 경이 발견하고 그 안에서 희망을 찾았던 군주에 대한 제약을 다른 식으로 돌려 말한 셈이다. 이 문단은 또한 로앙 공작이 이해관계에 부여했던 의미를 그 이후의 의미상의 변화에 따라 적절히 수정할 경우, 심지어 이해관계가 군주들을 지배한다l'intérêt commande au prince는 로앙 공작의

* 프랑스의 역사가이며 7월 왕정 당시 총리직을 역임하고 있었던 프랑수아 기조는, 선거권을 확대해 달라고 요구하는 시민들에게, "노동과 저축을 통해 부자가 되면 당신도 투표할 수 있다"Enrichissez-vous par le travail et par l'épargne et vous deviendrez électeurs고 대답했다. 경제가 정치적 자유의 확대에 기여하지 않고 오히려 그 억압에 동참하거나 알리바이를 제공하는 역설적 사례라고 할 수 있다.

격언을 연상시킬 정도이다. 그러나 발자크나 토크빌 가운데 그 누구도 그런 상황을 찬양할 준비가 되어 있지는 않았다.

물질적 진보가 자유를 가로막을 위험에 집중하면서, 토크빌은 "물질적 쾌락에 대한 욕구가 …… 교육이나 자유 제도에 대한 경험보다 더 빨리 증대하는" 상황을 논의의 출발점으로 삼는다. 사람들이 개인적인 부를 얻기 위한 목적으로 공적인 사안을 등한시하는 그런 상황을 전제로, 토크빌은 이미 굳건히 자리 잡고 있는 공익과 사익의 조화라는 원리에 의문을 표하는 것이다.

> 이런 사람들은 자신들이 이해관계의 원리를 따른다고 생각한다. 그러나 그들이 이 원리에 대해 품고 있는 관념은 아주 설익은 것이다. 그리고 이른바 그들 자신의 업무라는 것을 더 잘 보살피기 위해 그들은 그들의 중요한 업무를 등한시하는데, 이 중요한 업무란 곧 그들이 자기 자신의 주인이 되는 일이다.

여기서 이해관계란 통치자의 정념에 재갈을 물리거나 목줄을 채우는 것과는 거리가 멀뿐더러, 반대로 시민들이 사적 이해관계의 추구에 매몰되어 버린다면 "영악하고 야심 넘치는 자가 최고 통치권을 차지하는 것"이 가능해진다. 그리고 토크빌은 기업 친화적인 여건을 위해 그저 '법과 질서'만을 요구하고 있던 이들을 향해, (나폴레옹 3세가 부상하기 몇 년 전부터) 탁월한 예언적 경고를 보내고 있었던 것이다.

자기 나라 정부에 질서유지만을 요구하는 국민이 있다면, 그 국민은 이미 마음속 깊이 노예나 다름없다. 자기를 사슬로 묶어 구속해 줄 주인을 기다리는, 안락에 길든 노예 말이다.[10]

결국 퍼거슨과 토크빌에 따르면, 경제가 확대되고 개인이 경제적 상태의 향상에 몰두하는 것은 정치적 기법의 발전을 야기할 수도 있고 그것의 약화에 기여할 수도 있다. 이 같은 사고는 훗날 1848년 혁명을 계급적으로 분석했던 마르크스에 의해 계승되었으니, 당시 혁명에서 부르주아계급의 정치적 역할은 처음에는 진보적이었다가 사건이 전개될수록 반동적으로 돌변했다는 것이다.* 그러나 마르크스주의적 사고방식에서는 부정적인 효과에 앞서 필연적으로 등장하는 긍정적인 효과가 시계열적으로 배치되어 있는 반면, 그보다 앞선 퍼거슨과 토크빌의 정식화에서는 경제의 확대가 근본적이고도 동시적으로 그 양가적인 정치적 효과를 보여 주고 있는 만큼, 이들의 논의가 어떤 의미에서는 좀 더 풍부하다고 할 수 있을 것이다.

몽테스키외-스튜어트 학설에 대한 퍼거슨과 토크빌의 우려는 두 가지 측면으로 요약될 수 있다. 첫째, 퍼거슨과 토크빌이 보여 주었듯이, 근대 경제, 그 복잡한 상호 의존성, 그리고 그것의 성장은 섬세한 메커니즘을 만들어 낼 것이기에, 전제정에서 군주가 과한 강권을

---

* 허시먼은 「루이 보나파르트의 브뤼메르 18일」을 언급하고 있다.

행사하는 것이 불가능해진다는 통찰에는 또 다른 측면이 [간과되어] 있다. 즉 경제[의 결정]에 따라 행동해야만 한다는 것이 사실이라면, 신중하지 못하게 행동하는 군주뿐만 아니라, 정치 참여를 요구하는 신민들 역시 자신들의 행동을 억누르고 제한해야 한다. 요약하자면 경제학자 군주*가 '섬세한 시계'의 올바른 작동을 방해할 만한 위협이라고 해석할 수 있는 그 모든 것들을 분쇄해야 하는 것이다.

둘째, 퍼거슨과 토크빌은 물질적 이익의 추구를 정념에 휘둘려 영광과 권력을 쟁취하기 위해 다투는 것을 대체할 만한 무언가로 환영했던 구시대의 전통적 사고를 암묵적으로 비판했다. 구성의 오류를 거론하지는 않았지만, 그들은 상당히 유사한 지점까지 나아갔다. 즉 모든 사람이 돈벌이라는 '무해한' 게임을 수행하는 것은 아닌 만큼, 대부분의 시민이 그 게임에 몰두하고 있다면, 그보다 높은 판돈이 걸린 권력을 둘러싸고 투쟁을 벌이는 이들은 좀 더 자유롭게 자신들의 야심을 추구할 수 있다는 것이었다. 이런 식으로, 사회가 재편되어 많은 사람들이 자신의 행동 지침을 정념에서 이해관계들로 대체하게 되면, 시민 정신이 사라지는 부작용이 나타날 것이며, 이는 결국 전제정으로 향하는 문을 열어 줄 것이다.

재산의 상실 및 그와 같은 상실에 대한 공포가 사람들을 전제정

---

* 허시먼은 전지전능하며 모두의 복리에 유익한 경제적 시각으로 온 세상을 바라보며 통치하는 이를 상정하고, 플라톤이 『국가』에서 언급한 철인 군주에 빗대어, 그런 자를 경제학자 군주economist-king로 표현하고 있다.

을 선호하는 방향으로 기울게 할 수 있음을 지적하며, 퍼거슨은 몽테스키외를 비롯해 다양한 사람들이 견지했던 것처럼, 자신의 물질적 이해관계를 추구하는 사람은 정념을 억누르리라는 낙관적 전망이 기대고 있었던 일반적이며 심리학적인 전제에 대해 결정적인, 그러면서도 특히 통렬한 비판을 가했다. 돈을 벌기 위한 활동과 거리를 둔 채 다소 경멸적인 태도로 관찰하고 있었던 이들에게는 너무나도 분명해 보였을 [몽테스키외 등의] 이 같은 생각은, '하위 계층'lower orders이나 '인류의 대다수 군중들'은 그저 이해관계들만을 추구할 뿐이며 정념을 따를 만한 시간이나 취향이 거의 없으리라는 안일한 생각과 결합되어 있었다.

홉스가 말했다시피 "모든 인간은 명예와 높은 지위를 자연스럽게 갈망한다. 하지만 그들은 주로 필수품들에 대한 걱정이 거의 없는 이들이 그러하다".[11] 그렇다 해도, 이 같은 생각의 연장선상에서, 경제성장이 자리를 잡고 나면 사정이 달라질 수 있다고 예상해 볼 수 있다. 경제학자들은 아마도, 홉스에게 정념의 추구는 소득-탄력적이라고 말할 것이다. 그렇다면 이는 평범한 이들도 소득수준이 높아짐에 따라 정념에 사로잡힌 행동에 더욱 강도 높게 참여할 것으로 예측할 수 있다는 뜻이 된다. 이런 식으로, 본디 사람을 '명예와 지위에 대한 갈망'으로부터 눈을 돌리게 해줄 수 있기에 칭송받았던 경제의 확대는, 홉스가 제시한 바로 그 논리에 따르자면, 결국 정념에 사로잡힌 행동을 줄인다기보다 더욱 많이 발생시키게 될 것이다. 루소는 이와 같은 동역학을 잘 이해하면서 이렇게 썼다.

······ 하지만 사회 속 인간에게는 아주 다른 일이 된다. 우선은 필요한 것을, 이어 여분의 것을 마련하는 것이 관건이지만, 그러고 나면 진미délices가, 그다음에는 엄청난 부가 나타나고, 그다음에는 신민이, 그러고선 노예가 생긴다. 그에게는 쉴 틈이 없다. 더 특이한 사실은, 욕구가 덜 자연적이고 덜 위급할수록 정념은 더 증가한다는 것이며, 그보다 나쁜 것은 정념을 충족하는 힘도 증가한다는 것이다.[12]

그러나 자신의 이해관계들을 추구하는 이들은 영원히 무해할 것이라는 생각을 최종적으로 포기하게 된 것은 자본주의적 발전의 현실이 온전히 가시화된 다음의 일이었다. 19세기와 20세기에 나타난 경제성장이 수백만 명에 이르는 사람들의 삶을 뿌리 뽑고, 소수를 부유하게 만드는 가운데 수많은 집단들을 가난에 빠뜨리며, 주기적으로 돌아오는 불황기에 대규모의 실업을 야기하고, 현대 대중사회를 낳음에 따라, 많은 관찰자들이 이 같은 폭력적 전환 과정에 휘말린 사람들이 때로 강렬한 분노, 공포, 원망 같은 정념에 사로잡혀 있다는 것을 분명히 확인할 수 있게 되었다. 그와 같은 전개 과정을 기록하며, 소외, 아노미, 르상티망, 대중화Vermassung,* 계급투쟁 등과

---

* 영어로는 'Massification'이라고 번역된다. 대중문화와 소비주의로 말미암아 개인의 주체성과 사적 공간이 침해될 것을 우려하며, 1950년대 독일의 사회학계에서 논의된 개념이다. 대중문화가 '외톨이들의 사회'를 만들 것이라는 당시 문제의식에 대한 대응들 가운데 1962년 출간된 하버마스의

같은 다양한 용어를 동원해 분석해 갔던 사회학자들의 이름을 여기서 일일이 나열할 필요는 없을 것이다. 사실 우리는 바로 그와 같은 분석의 영향력 아래에 있기에, 나아가 우리가 그와 같은 분석들의 도움을 받아 이해하고자 했던 격변들의 여파 속에서 살아가고 있기 때문에, 이 글에서 앞서 검토했던 학설이 비현실적인 것처럼 보일 뿐만 아니라, 진지하게 받아들일 가치가 없는 것으로 여겨질 수도 있다.

그럼에도 나는 이 논고를 마무리하는 다음 절에서 그 학설을 재구성해 보는 것이 왜 가치 있는 일인지 보여 주고자 한다. 다만 그에 앞서 자본주의를 정치적으로 옹호하는 논변이 이 글에서 묘사된 게 전부가 아니라는 것을 잠시 여담으로 이야기해 두는 편이 좋을 것 같다. 오늘날 우리에게 훨씬 친숙한 논변에 따르면, 사유재산, 그중에서도 특히 생산수단으로서 사유재산의 존재는 권력에 대항하고 이견을 제시하기 위한 물질적 토대를 사람들에게 제공하는 데 있어 핵심적이다. 예컨대 이 논변이 주장하듯, 누군가가 언론의 자유라는 권리를 행사하고 싶어도, 그 사람의 생계가 자신이 비판하고자 하는

주저 『공론장의 구조변동』이 가장 잘 알려져 있다. 여기서 하버마스는 대중화와 대중문화로 말미암아 사적 공간뿐만 아니라 공적 공간과 공론장마저 훼손될 수 있다는 경고를 담았다. Paul Betts and John Gowar, *The Authority of Everyday Objects: A Cultural History of West German Industrial Design* (University of California Press, 2004). p. 239 참조.

정부 당국에 직접적으로 달려 있다면, 그 사람의 표현의 자유는 공허해질 수 있다. 여기서 이 주장을 평가하거나 그 주장에 대해 좀 더 상세히 기술하지는 않을 것이지만, 이 같은 주장이 지금까지 이 글에서 살펴본 논의보다 우리의 귀에 더욱 그럴듯하게 들린다는 점에는 의문의 여지가 없을 것이다.

이 같은 '현대적'인 주장에 대한 지지는 대체로 이견을 제시할 수 있는 기회를 제공하고 존중하는지 여부를 두고 자본주의국가와 공산주의 국가를 비교하는 데서 도출된다.[b] 따라서 저 주장이 몽테스키외 시절에 표명되지 않았다는 것은 전혀 이상한 일이 아니다. 그렇다고 20세기의 공산주의 정권이 들어설 때까지 기다려야 했던 것도 아니다. 사유재산제도가 지속적으로 공격받고, 이와는 다른 사회 구성 방안들이 어느 정도 상세하게 검토되자 이 같은 주장이 곧 정식화되었다. 따라서 오늘날 루드비히 폰 미제스, 프리드리히 하이에크, 밀턴 프리드먼 같은 저자들과 연관되어 있는, 근대적 자본주의 옹호론을 처음 제시한 사람은 바로 피에르 조제프 프루동이었다. "소유는 도둑질이다"Property is theft라는 금언으로 유명한 프루동은 사유재

---

b 이 주장이 더 큰 설득력을 보이는 또 다른 이유는 보다 온건하기 때문인데, 여기서 자본주의는 정치적 자유의 필요조건으로 여겨지지만 충분조건은 아니다. Milton Friedman, *Capitalism and Freedom* (Chicago: University of Chicago Press, 1962), p. 10 [『자본주의와 자유』, 심준보·변동열 옮김, 청어람미디어, 2007, 37~38쪽] 참조.

산제도를 웅변적으로 비판한 인물이었지만, 또한 국가의 막강한 힘을 두려워하고 있기도 했다. 그는 후기 저작에서, 이 같은 국가권력과 유사하게 '절대적인' 힘, 즉 사유재산의 힘을 통해 국가권력에 대항해야 한다고 생각했다.[13] 19세기 중반에 이르기까지 축적된 자본주의에 대한 경험은 온화한 상업이 인간의 속성에 끼치는 순화 효과에 대한 기존의 논변을 완전히 뒤바꿔 놓았다. 즉 프루동이 무시무시한 권력을 가진 국가에 대항하는 역할을 부여할 만큼, 사유재산은 야성적이고, 경계가 없으며, 혁명적인 힘을 가진 것으로 간주되고 있었던 것이다. 실제로 그는 '평형추'counterweight라는 용어를 사용해, 마치 한 세기 뒤에 존 케네스 갤브레이스가 다른 목적으로 그랬듯이, 이 글에서 살펴본 지적 전통에 자신의 논고를 연결하고 있다.[14] 하지만 재산과 돈벌이의 성격에 대한 프루동의 생각은 지난 세기에 그 주제에 대해 글을 썼던 이들과 본질적으로 매우 동떨어진 것이었다.

이해관계가 지배하는 세상의 약속과 프로테스탄트 윤리의 대립

자본주의의 정치적 이점에 대한 프루동 논변이라 부를 만한 것과 비교해 볼 때, 몽테스키외-스튜어트 식 학설은 허황된 것은 아니지만 이상해 보인다. 그러나 바로 그 안에 우리가 관심을 기울일 만한 흥미롭고 가치 있는 내용들이 많이 있다. 즉 바로 현대인들에게 이상해 보이기 때문에, 몽테스키외-스튜어트의 학설은 여전히 수수께끼로 남아 있는 자본주의 발흥기의 이데올로기적 환경을 이해하는 데 실마리를 제공할 수 있는 것이다.

이 주제에 접근하는 확실한 방법 가운데 하나는 이 글에서 제시된 입장과 돈벌이를 존경받을 만한 직업의 출현으로 이해하는 프로테스탄트 윤리에 관한 베버의 논제 및 그것을 둘러싼 논쟁을 비교해 보는 것이다. 앞서 반복적으로 지적했듯이, 17세기와 18세기에 상업과 산업의 확장을 환영하고 퍼뜨렸던 것은 몇몇 주변적 사회집단이나 전복적인 이데올로기를 가진 이들이 아니었다. [상업과 산업을 옹호하는] 의견은 당대의 '권력 구조'와 '기득 집단'의 한가운데서, 즉 군주와 특히 그의 조언자들, 그리고 여타 관련 명사들이 씨름했던 문제들로부터 나왔다. 중세 말기 이후로, 특히 17세기와 18세기에 빈번하게 발발한 전쟁과 내전의 결과, 종교적인 계율을 대신할 만한, 그리고 치자와 피치자 양쪽 모두에 규율과 제약을 부과할 새로운 행동 기준과 장치들이 모색되었다. 이런 면에서 상업과 산업의 확장은 상당히 기대할 만한 것으로 간주되었다.

베버와 그의 추종자들뿐만 아니라 그의 비판자들이 주로 관심을 가졌던 것은 어떤 집단이 자본주의적 축적의 합리적 추구로 나아가게 된 심리학적 과정이었다. [반면에] 나는 어떤 이들의 생각이 그렇게 쏠렸다는 것을 당연한 것으로 받아들이는 대신, 요즘 식으로 말하자면 학계와 정관계 엘리트들이 이런 새로운 현상에 어떻게 대응했는지에 초점을 맞춰 이야기를 풀어 나갔다. 이들이 호의적인 반응을 보였던 것은, 돈벌이 그 자체를 승인했기 때문이 아니라, 그로 인해 발생할 부수 효과로 얻을 수 있는 혜택이 크다고 생각했기 때문이었다. 즉 그 활동은 그 일에 참여하는 사람이 '악행을 저지르지 않게' 한다고, 좀 더 구체적으로 말하자면, 군주의 변덕과, 자의적인 통치, 그리고 모험적인 대외 정책 등에 제동을 거는 미덕이 있다고 간주되었던 것이다. 베버는 자본주의적 행태와 활동들은 간절하게 개인의 구원을 모색하는 과정에서 나타난 간접적인 (본디 의도하지 않았던) 결과라고 주장한다. [반면에] 내 주장은, 대내외적 질서가 불안정하게 배치되어 있었기 때문에 사회가 무너질 수 있다는 위기감이 항구적으로 도사리고 있던 당대의 분위기 속에서, 자본주의적 형태들이 확산된 것은 간절하게 사회의 붕괴를 막기 위해 모색한 결과라는 것이다. 물론 한 주장은 새롭게 떠오르고 있던 엘리트들의 동기와 관련되어 있고, 또 다른 입장은 다양한 기성세력의 것을 반영하고 있으므로, 두 주장이 동시에 타당하다고 보는 것도 분명히 가능하다. 그러나 베버의 논제는 수많은 관심을 받았던 반면, 후자의 주제는 전적으로 간과되어 왔다.

이 책에서 되짚어 본 사고의 흐름과 베버의 논제 사이에는 좀 더 중요한 차이점이 존재한다. 베버는 칼뱅의 예정설이 신도들을 숙명론에 빠지거나 세속적 쾌락을 미친 듯이 탐닉하도록 하지 않고, 흥미롭고 역설적이게도, 목표 의식과 자기 부정[금욕]self-denial을 내면화한 규율 잡힌 활동으로 이끌었다고 주장한다. 이 논제는 그저 흥미로운 역설에 불과한 것이 아니다. 그것은 비코, 맨더빌, 애덤 스미스 이래로 사회과학자들의 특별한 영역이자 가장 야심 찬 목표라 할 수 있을, 인간의 행위(또는, 이 경우라면, 사고)의 의도치 않은 효과에 대한 주목할 만한 서술이기도 하다. 그리고 이제 나는, 여기서 지금까지 말해 온 바에 기반해, 저 논의와 대칭적인 반대의 발견 역시 가능하며, 그것이 가치를 지닐 수 있다는 제안을 하고자 한다. 한편으로, 사람의 행위와 사회적 결정은 그것이 이루어진 시점에 전혀 의도하지 않은 결과를 낳기도 한다는 것에는 의심의 여지가 없다. 그러나 다른 한편으로는, 이런 행동들과 결정들이, 일정한 효과를 가져올 것으로 진지하게 그리고 전적으로 기대되어 이루어지지만, 그런 효과가 실현되지 못하기도 한다. 후자의 현상은 전자를 구조적으로 뒤집어 놓은 것이지만, 동시에 전자의 원인 가운데 하나일 수도 있다. 곧 어떤 사회적 결정이 내려지던 시기에, 그와 같은 결정과 결부된 환상 섞인 기대는 미래에 벌어질 실제 효과를 보지 못하게 방해한다.

이 현상이 흥미로운 주된 이유 가운데 하나가 여기 있다. 즉 큰 기대는, 비록 비현실적이라 할지라도, 분명 특정한 사회적 결정을 용이하게 하는 데 기여한다. 따라서 그런 기대를 탐색하고 발견하다 보면 사회의 변화를 좀 더 잘 이해할 수 있다.

흥미롭게도, 의도했지만 실현되지 않은 사회적 결정의 효과는, 의도하지는 않았지만 그 모든 것이 실현되어 버린 효과보다 더욱더 탐구해 볼 필요가 있다. 후자는 적어도 현실에 존재하고 있는 반면, 의도했음에도 실현되지 않은 효과는 많은 경우 어느 시기에 잠깐 동안 사회적 행위자들이 표출한 기대 속에서만 발견될 수 있기 때문이다. 더구나, 바라던 효과를 발생시키지 못하고 세상에 나타나지 못했을 경우, 그들이 그와 같이 기대했다는 사실은 그저 잊히기만 하는 게 아니라 사실상 억압될 가능성이 크다. 이것은 [어떤 특정한 효과를 기대했지만, 그 효과를 실현하지 못한 행동을 한] 애초 행위자들의 자존심을 지키는 차원의 일일 뿐만 아니라, [이들의] 권력을 계승한 자들이 새로운 질서의 정당성을 확실히 다지기 위해서도 본질적인 것이다. 즉 어떤 사회질서가, 특정한 문제를 해결할 수 있으리라는 확고한 기대를 받았지만, 그렇게 하는 데 분명하고도 처참하게 실패했다는 것을 사람들이 인식하고 있는 한, 그런 사회질서가 오랫동안 살아남을 수 있었을까?

오늘날의 관점에서

이 책에서 검토한 생각들이 어느 정도나 집단의식 속에서 지워졌는지를 가늠해 보려면, 자본주의에 대한 오늘날의 비판들을 떠올려 보면 된다. 가장 매력적이고 영향력 있는 비판들 가운데 하나는 자본주의가 낳는 억압과 소외를 강조하면, '완전한[풍부한] 인격'full human personality의 개발을 저해한다고 주장한다.* 하지만 이 책이 제시

---

* 마르크스주의, 특히 1970년대까지 힘을 발휘하고 있던 마르크스의 초기 저작에 대한 해석에 근거한 비판 이론을 지칭한다.

하고 있는 관점에서 보면, 이와 같은 비난은 다소 불공평해 보인다. 왜냐하면, [애초에] 자본주의는 바로 인간의 특정한 충동과 성향을 억압하고, 덜 다면적이며, 좀 더 예측 가능한, '일차원적인' 인격을 빚어낼 것이라고 정확히 예상되었고, 또한 그렇게 기대되었기 때문이다. 오늘날에는 매우 낯설어 보이는 이런 입장은, 특정한 역사적 시기에 현존했던 명백한 위험에 대한 극도의 번민, 인간의 정념들이 풀어놓는 파괴적인 힘에 대한 우려 속에서 불거져 나온 것으로, 당시에는 '해를 끼치지 않는' 탐욕innocuous avarice만이 유일한 예외[이자, 더 나아가 그와 같은 파괴적 힘에 대항할 수 있는 것]로 간주되고 있었다. 요약하자면, 자본주의는 정확히 그것의 최악의 특성이라고 비판받게 될 것을 달성하리라고 원래부터 간주되고 있었다.

자본주의가 승리를 거두고, 빈회의* 이후 '정념'이 억제되다 못해 심지어 소멸된 것처럼 보이는 지경에 이르러 버린, 상대적으로 평화롭고, 고요하며, 기업가 정신이 자리 잡은 유럽에서, 세상은 공허하고, 시시하며, 지루한 곳으로 간주되기 시작했으며, 부르주아 질서를 지난 시대와 비교하며, 새로운 세상은 고상함, 장엄함, 신비로움,

---

* 나폴레옹전쟁이 끝난 뒤, 오스트리아의 재상 메테르니히의 지도하에 열린 유럽 국가들 사이의 국제회의를 뜻한다. 프랑스혁명 이전의 구체제를 복원하는 것을 목표로 했지만, 동시에 부르주아들의 지위가 향상되었고 유럽 각국의 경계를 넘어서는 영리 활동의 자유를 얻었다. 이후 제1차 세계대전이 발발하기 전까지 유럽은 자본주의적 성장을 거듭하며 이른바 '벨 에포크'에 돌입한다.

그리고 그 모든 것보다, 정념을 결여한 곳으로 바라보는 낭만주의적 비판의 장이 펼쳐졌다. 푸리에의 정념 인력*으로부터 마르크스의 소외 이론까지, 그리고 진보의 대가로 리비도를 억압하게 되었다는 프로이트의 논제부터 (세계에 대한 마술적 시각이 진보적으로 해체되는 것을 의미하는) 탈주술화Entzauberung까지, 이후의 사회사상 속에서 우리는 이와 같이 향수 어린 비판들을 상당수 관찰할 수 있다. 이 모든 직접적이거나 간접적인 자본주의 비판론들은 그보다 앞선 시대, 곧 세상이 '완전한[풍부한] 인격'으로 가득 차있던 세상은, 모든 가능한 수단을 동원해 퇴치해야 할 골칫거리로 간주된 다양한 정념들이 충만한 곳이었다는 사실을 그다지 염두에 두고 있지 않다.

정반대되는 종류의 망각 또한 분명히 존재한다. 즉 앞선 시대에 제기되었던 생각을, 그런 생각들이 이미 대결했던 현실에 대한, 그와 같은 대결의 결과가 전적으로 만족스럽지 못했다는 사실에 대한 아무런 참조도 없이, 똑같이 꺼내 놓는 것이다. 짧게 부연하자면, "과거를 기억하지 못하는 자는 과거를 반복하게 된다"는 산타야나**의

• 푸리에는 자본주의사회가 합리적인 목적에 따라 개인의 노동을 생산에 투입함으로써 사람들이 가지고 있는 자연스러운 정념이 억압되고, 인간성이 파괴될 뿐만 아니라 생산 효율의 저하를 불러온다고 보았다. 그 해법으로 그는 사람들이 각자의 자연스러운 정념에 맞도록 이끌리는 일을 하도록 노동과 사회를 재구성해야 한다고 주장했다. 이와 같은 원칙을 '정념 인력'Attraction passionelle이라 부른다.

•• 조지 산타야나(1863~1952). 미국의 철학자, 시인, 평론가.

경구는 사실의 역사보다 사상의 역사에 더욱 잘 들어맞아 보인다는 점을 지적해 두고 싶다. 우리 모두 잘 알고 있다시피, 사실의 역사는 절대 그 자체로 반복되지 않는다. 그러나 서로 다르고 어쩌면 상당히 떨어진 두 시간대에서 상당히 유사한 상황이 발생했을 때, 만약 앞서 전개된 지성사적 사건intellectual episode이 잊혀 버렸다면, 그런 유사한 상황에 대한 동일하며 동일한 오류를 포함하고 있는 사유로 대응할 수 있다. 물론 그 이유는 그런 사유가, 본질적이지 않은 것으로 간주되지만, 모든 개별적인 역사적 상황의 독자성을 구성하는 수많은 상황으로부터 유리된 채 형성되기 때문이다.

산타야나의 경구가 사상사에서 문자 그대로 개탄스러울 정도로 맞아떨어지는 경우를 우리는 오늘날 현존하는 최고 수준의 사회사상을 통해 확인해 볼 수 있다. 자본주의를 신중하게 옹호한 것으로 잘 알려진 케인스가, 존슨 박사 및 그 밖의 18세기 인물들과 동일한 논변을 사용하고 있다는 것을 확인하는 일은, 지금까지의 논의를 놓고 볼 때 거의 고통스럽게 느껴진다.

돈벌이와 사적인 부의 소유 기회가 존재하는 것이 인간의 위험한 성향을 비교적 무해한harmless 방면으로 유도할 수도 있다. 인간의 위험한 성향이 이런 식으로 충족되지 못한다면 잔혹한 행위, 개인적인 힘과 권위에 대한 무모한 추구, 그리고 그 밖의 다른 여러 가지 형태의 자기과시에서 배출구를 찾게 될 수 있다. 인간 개개인이 동료 시민을 함부로 다루는 것보다는 각자 자신의 은행 잔액을 함부로 다루는 것이 낫다. 그리고 은행 잔액을 함부로 다루는 것에 대해 그것은 동료 시민을 함부로 다루는 하나의 수단일 뿐이라고 비난하는 목소리를 때로는 듣게 되지만, 적어도 어떤 때에는 그렇게 하는 것이 하나의 대안이 된다.[c]

돈벌이를 사람의 에너지를 쏟아부을 수 있는 '결백한'innocent 여가이자 분출구로, 사람들을 권력을 향한 상호 대립과 투쟁으로부터 다소 우스꽝스럽고 꺼림칙하지만 본질적으로 해롭지 않은 부의 축적으로 돌려놓기 위한 제도적 장치로 바라보았던 과거의 관념이 여기 등장하고 있다.

자본주의가 정치에 미치는 바람직한 결과를 근거로, 간접적일지언정 강력한 논변을 내놓은 중요한 인물로는 조지프 슘페터를 꼽을 수 있을 것이다. 슘페터는 제국주의에 대한 이론[15]을 전개하면서, 마르크스주의자들의 생각과 달리, 영토에 대한 야심과 식민지 확장에

c John Maynard Keynes, *The General Theory of Employment Interest and Money* (London: Macmillan, 1936), p. 374 [『고용, 이자, 화폐의 일반이론』, 이주명 옮김, 필맥, 2010, 455쪽]. 이런 관점을 어느 정도 희화화하기라도 한 듯, 하이에크는 어린이에게 일해서 벌어들이지 않은 부를 물려주는 것이 평생토록 유지되는 더 나은 사회적 지위를 제공할 수 있는 방법을 찾기 위해 애쓰는 것보다 사회적으로 덜 해롭다는 이유로, 재산을 유증할 수 있는 근거가 될 상속 제도를 옹호한 바 있다. 이 경우 재산의 상속과 신분의 상속이 상호 배제적이지 않다는 것이 분명해 보인다. F. A. Hayek, *The Constitution of Liberty* (Chicago: University of Chicago Press, 1960), p. 91 참조.

의 욕구, 그리고 사회 전반에 만연해 있는 전쟁 분위기 등이 자본주의 체제의 불가피한 결과가 아니라고 주장했다. 외려 불행하게도 주요 유럽 강대국의 지배계급들 사이에 강하게 잔존해 있었던 전$_{pre}$자본주의적 멘탈리티 때문에 이 같은 결과가 발생했다는 것이다. 슘페터가 보기에, 자본주의 그 자체는 전쟁을 추구할 만한 가능성이 없는 것이었다. 다시 말해, 자본주의의 영혼은 합리적이고, 계산적이며, 따라서 전쟁이나 그 밖의 영웅적인 어릿광대 놀음이 내포하고 있는 위험부담을 회피하는 것이었다. 다양한 마르크스주의 이론에 대한 반론으로 흥미롭기는 하지만, 앞서 상기해 보았던 애덤 퍼거슨 및 토크빌과 비교해 보더라도, 슘페터는 자신이 다루는 문제의 난점들을 제대로 인식하지 못했던 것으로 보인다. 좀 더 과거로 돌아가 보자면, 이해관계에서 비롯된 행동이 규범으로 간주되는 상황에서도 정념을 완전히 도외시할 수는 없다고 레츠 추기경은 주장한 바 있는데, 이는 케인스나 슘페터 그 누구의 것보다 나은 논변처럼 보인다.

자본주의를 옹호하는 사람이건 비판하는 사람이건 이 글에서 되짚어 본 지성사의 사건들을 학습함으로써 자신의 논변을 강화할 수 있으리라는 말로 마무리를 짓고 싶다. 논점을 해소하기 위해서가 아니라, 논의의 수준을 높이기 위해, 우리 모두는 역사를 향해, 특히 지성의 역사를 향해 질문을 던져 볼 수 있을 것이다.

옮긴이의 말

1

앨버트 허시먼의 삶과 학문을 한 단어, 한 문장으로 정리하는 것은 불가능해 보인다. 제1차 세계대전이 발발하기 불과 2년 전이었던 1915년, 벨 에포크의 황혼에 태어난 오토 알베르트 헤르시만Otto-Albert Herschmann은 전간기에 프랑스와 영국을 거쳐 이탈리아의 토리노에서 경제학으로 박사 학위를 받는다. 그 와중에 국제여단 소속으로 스페인 내전에 참전해 전쟁 경험을 했던 그는, 제2차 세계대전이 발발하자 지식인들과 예술가들을 피레네산맥 너머 스페인을 통해 영국이나 미국으로 망명시키는 레지스탕스 활동을 했다. 그 스스로가 유대계 프로테스탄트 의사의 아들로 베를린에서 태어난 몸이기에 그가 마지막으로 구조해 낸 지식인은 자기 자신일 수밖에 없었다. 미국으로 망명한 뒤 앨버트 O. 허시먼Albert O. Hirschman으로 개명한 그는 미군이 되어 뉘른베르크 전범 재판을 통역하면서 제2차 세계대전의 마지막을 목격한다.

6개 국어를 유창하게 구사하는 레지스탕스, 경제학 박사이자 참전 용사는 연방준비은행을 거쳐 세계은행으로 자리를 옮긴다. 그러고는 콜롬비아의 수도 보고타에서 경제 자문으로 활동한다. 현실에 직접 뛰어들어 활동하는 것을 선호하던 허시먼의 성향에 어울리는 행보라고 할 수 있다. 이후 학계로 돌아온 그는 당시의 경험을 잊기 전에 펴낸 『경제발전의 전략』*The Strategy of Economic Development*으로 주목받은 뒤, 1970년 『떠날 것인가, 남을 것인가』*Exit, Voice, and Loyalty*를 통해 분과 학문으로서의 경제학을 넘어 사회과학 전반을 아우르는 통찰을 과시했다. 그의 또 다른 대표작인 『정념과 이해관계』는 1977년 출간되었다.

경제학이 단순히 화폐경제의 차원을 넘어 인간의 (합리적) 판단과 선택을 둘러싼 모든 문제로까지 자신의 영역을 넓히고 있는 지금, 『떠날 것인가, 남을 것인가』를 넓은 의미의 경제학 연구서로 바라보는 일은 그리 어렵지 않다. 가령 공립학교의 교육 수준에 학부모들이 불만을 품고 있을 때, 그들이 다른 학교를 선택할 수 있도록 바우처를 제공하는 것은 과연 바람직한 정책인가? 교육 바우처는 학부모들이 '항의'voice가 아닌 '이탈'exit을 쉽게 선택할 수 있게 함으로써 공교육을 퇴보시킨다는 비판이 가능할 것이며, 그에 대한 실증적 연구도 진행되어 있다. 요컨대 『떠날 것인가, 남을 것인가』의 저자인 앨버트 허시먼은 좁은 의미에서의 경제학자라 보기 어렵다 해도, 넓은 의미에서의 경제학, 혹은 '사회과학'의 범주를 벗어나지는 않고 있다.

반면에 이 책, 『정념과 이해관계』는 다르다. 허시먼은 약 1600년 대부터 1900년대 중후반까지의 문헌들을 두루 섭렵하며, 이해타산과 손해 득실을 따지며 자신의 이익을 극대화하는 일에 매진하는 '합리적 경제인'이라는 우상이 서있는 기반의 토대를 파헤쳐 들어간다. 막스 베버는 '합리적 경제인'이 프로테스탄티즘, 좀 더 정확히 말하자면 칼뱅의 예정설이 만들어 낸 의도치 않은 결과물이라고 주장했다. 이는 경제학이라는 분과 학문의 범위 내에서, 숫자와 통계를 동원해 답할 수 있는 문제가 아니다. 허시먼은 막스 베버 이전의 경제와 정치에 대해, 또는 정념과 이해관계의 관계에 대한 논쟁의 전모를 캐묻기 시작한다. 그리하여 사상사, 다시 말해 '인문학'의 범주에 속하는 이 책이 탄생한 것이다.

2

그래서 칼뱅주의가 자본주의 정신을 낳았는가? 허시먼의 답을 요약해 보자면 그럴 수도 있지만, 다른 이유가 있을 수도 있다. 베버가 활동하던 시기는 이미 자본주의가 확고부동하게 세상을 지배하는 것으로 여겨지는 시점이었던 반면, 그보다 앞선 시기부터 경제적 영역을 넘어서는 자본주의의 이점을 옹호하던 이들이 존재하기 때문이다. 자본주의가 그 싹을 틔우기 시작하던 무렵, 그들은 영리 추구 활동에 필요한 안정을 얻기 위해 군주의 자의적이고 변덕스러운 행동을 다잡고자 했으며, 군주를 경제적 이해관계에 얽매이게 함으로써 그 목적을 달성할 수 있다고 주장했다. 하지만 그와 같은 발상은 이내 현실의 벽에 부딪혔고 결국 경제학의 아버지 애덤 스미스가 『국부론』을 통해 해당 논의의 관 뚜껑에 못을 박아 버린다. 이후 자본주의가 완전한 승리를 거두면서 논쟁의 역사는 까맣게 잊히고 말았으며, 공산주의와의 대결을 위한 최근의 자본주의 옹호론은 지난 시절의 담론을 매우 조악하게 반복하고 있을 따름이다.

몽테스키외-스튜어트적 관점이라 불리는 이른바 '고전적 자본주의 옹호론'은 비록 틀렸지만 그 속에 음미할 만한 내용과 가치가 있다. 그런데 그들의 관점을 결정적으로 역사의 뒤안길로 보내 버린 장본인은, 오늘날 우리가 너무도 쉽게 '자본주의의 수호성인'으로 간주해 버리는, 경제학의 아버지 애덤 스미스이다. 자본주의 옹호론의 역사는 일관되지도 단면적이지도 않다. 그렇기 때문에 '우리'(허시먼의 입장에서 보자면, 프린스턴 대학 고등연구소를 포함한 1970년대 미국 학계의 구성원)는 꼼꼼하게 곱씹어 봐야 한다는 것이다.

따라서 『정념과 이해관계』의 주제는 한 줄로 요약되지 않는다. 원서 기준 130여 쪽에 지나지 않지만, 300년도 넘는 지성의 역사 속에서 벌어진 다양한 논의를 입체적으로 관통하고 있다. 그 엄청난 압축률이 가능한 이유는 일단 그가 자신이 다루는 모든 핵심적 쟁점뿐만 아니라 부수적인 논의까지 섭렵하고 있기 때문이다. 이 같은 이해를 바탕으로, 허시먼은 자신의 중층적이고 다면적인 사고를 고스

란히 반영하는 섬세한 복문複文을 구사함으로써, 페이지 한 장, 문단 한 개, 문장 한 줄만으로 논쟁의 본질을 꿰뚫어 낸다. 마치 능수능란한 펜싱 선수의 사브르처럼, 장자莊子 내편內編 양생주편養生主篇에 등장하는 전설적인 백정 포정庖丁의 칼처럼, 허시먼은 텍스트와 그 텍스트를 낳은 역사적 맥락을 오가며, 서구 지성사의 가장 내밀한 흔적기관을 피 한 방울 흘리지 않고 발라내는 것이다.

3

2016년, 정념과 이해관계의 상호작용이라는 고전적 주제는 일련의 세계사적 사건을 통해 새로운 생명력을 얻게 되었다. 그해 6월 23일 영국에서 치러진 유럽연합 탈퇴 여부 국민투표, 이른바 '브렉시트'Brexit에서 51.9퍼센트 대 48.1퍼센트로 영국의 유럽연합 탈퇴가 결정된 것이 첫 번째 사건이다. 그 충격이 채 가시기도 전에, 11월 8일 치러진 미국 대통령 선거에서 모든 이의 예상을 뒤엎고 공화당의 후보였던 도널드 트럼프가 민주당의 후보였던 힐러리 클린턴을 이기는 이변을 창출했다. 전체 득표수만 놓고 보면 힐러리 클린턴이 48.2퍼센트, 도널드 트럼프가 46.1퍼센트로 오히려 클린턴이 더 많은 표를 얻었지만, 주 단위로 할당된 선거인단을 승자가 독식하는 미국 특유의 대통령 선거제도로 인해 선거인단 투표 결과는 227 대 304로 크게 갈린 것이다.

둘 다 기존의 학계와 언론의 예측을 뛰어넘는 사건이었기 때문에 그에 대한 해석론이 분분하게 등장했다. 가장 쉽게 떠올릴 수 있는 설명은, 브렉시트와 트럼프 당선 모두 세계화의 경제적 이득으로부터 소외된 노동 계층이 자신들의 불만을 민주적 절차를 통해 표출한 사건이라는 것이다. 이것은 말하는 이와 듣는 이 모두에게 가장 '부담 없는' 설명이기도 하다. 선거에서 승리한 브렉시트 찬성론자와 트럼프 지지자들은 스스로를 기존의 관점에서 포착되지 않았거나 간과되어 왔던 이해관계의 대변자로 포장할 수 있다. 한편 브렉시트 반대론자와 클린턴 지지자들에게도 이런 설명은 나름의 위안이 된다. 자신들과 입장이 다른 사람들이, 그저 이해관계의 차이 때문에 다른 선택을 내리게 되었을 뿐, 완전히 또는 상당히 다른 정념에 사로잡혀 있지는 않다는 전제를 내포하기 때문이다. 그저 순전히 이해관계에 따라 트럼프를 찍었을 뿐이라면, 브렉시트에 찬성했을 뿐이라면, 기존의 '리버럴'한 교양 계층은 그런 이들을 이해하고 새로운 정책을 제시하면 된다. 쉽지는 않겠지만 넘을 수 없는 벽은 아니다.

하지만 브렉시트에 찬성하고 트럼프를 지지하는 행동이, 이해관계의 차이가 아니라 정념의 차이에서 비롯하는 것이라면 어떨까? 브렉시트 투표를 전후해 유색인종에 대한 공공장소에서의 공격이 심화되었다는 영국 언론의 보도가 여러 차례 있었다. 트럼프는 선거운동 과정에서 대놓고 '멕시코와의 국경에 높은 벽을 세우자'고 목청을 높인 바 있다. 2019년 초에는 실제로 그 벽을 실제로 건설하겠노라고 주장하다가, 연방 정부의 일시적 업무 정지, 이른바 '셧다운'까지 불러일으켰다. 2020년 대통령 선거운동은 정념의 파도를 더욱 드높

였다.

브렉시트와 트럼프 당선을 '노동계급의 저항'으로만 묘사하는, 또는 그렇게 이해하고픈 이들이 적지 않다. 상대방을 인종차별과 혐오 감정에 노출된 사람으로 묘사하는 것은 상당한 정치적 위험을 무릅쓸 수밖에 없는 일이니 당연한 일이다. 하지만 브렉시트와 트럼프 당선이 오직 이해관계에 따라 벌어진, 또는 노동계급이 자신들의 이해관계를 '잘못' 해석해 벌어진 일이라고 단정하는 것 또한 위험성을 내포하고 있기는 마찬가지다. 그와 같은 발언을 하는 사람은 노동계급을 스스로의 이해관계조차 제대로 파악하지 못하는 무지한 군중으로 취급하는 셈이니 말이다.

결국 어떤 방향을 택하건 2016년 이후의 우리는 정념과 이해관계의 상호 관계에 대해 좀 더 진지한 고찰을 해야 하는 상황인 것이다. 이해관계를 넘어서는 정념이 존재하는가? 또는 어떤 정념은 이해관계에 대한 사람들의 추구와 집착을 가뿐히 초월하게끔 하는가? 어떤 정념을 갖고 그것을 표출할 수 있게끔 해주는 제도적 장치와 그에 대한 참여의 의지가, 아주 넓은 의미에서 '이득'을 가져다주는 것이라고 해석할 수도 있는가? 허시먼은 2012년 세상을 떠났다. 『정념과 이해관계』를 다시 한번 꼼꼼히 읽고, 오늘날의 현실에 맞춰 그 논의에 살을 덧붙여 가는 것은, 온전히 우리에게 남은 몫이라고 할 수 있다.

4

『정념과 이해관계』의 핵심적 논의 가운데 하나이지만 이 책을 논하는 사람들 사이에서 간과되기 일쑤인 지점을 조금만 더 짚어 보자. 허시먼은 분량과 서술에서 굉장히 공을 들여, 1970년대 미국뿐만 아니라 2010년대 한국에서도 '자유시장주의의 수호자'로 취급되고 있는 애덤 스미스가, 몽테스키외-스튜어트 식의 낙관적 자본주의 옹호론을 수용하지 않았을 뿐만 아니라 오히려 비판하고 있다는 점을 힘주어 강조한다. 그런데 스미스가 다른 결론에 도달했다는 사실 자체보다 그로 향하는 과정에 허시먼이 더욱 초점을 맞추고 있다는 점을 우리는 간과해서는 안 된다.

"스미스가 지난 시대의 작가들과는 상당히 동떨어진 태도로, '인류의 대다수 군중들'을, 즉 평균적인 사람들과 그들의 행태를 고려하고 있었기 때문"(174쪽)에 그에게는 정념과 이해관계의 구분이 그다지 중요한 위치를 차지하지 못했으며, 바로 그 애덤 스미스가 경제학을 학문으로서 정립해 낸 까닭에 정념과 이해관계의 갈등을 둘러싼 논쟁이 망각의 늪으로 보다 쉽게 빨려 들어갔다는 것이 허시먼의 주장이다. 이 논변의 타당성을 검토하는 것은 사상사를 연구하는 이들에게 맡겨 두기로 하고, 우리는 국가의 운명을 좌우하는 군주나 그 군주의 귀에 조언을 속삭이는 궁중 대신이 아닌 이들, 즉 '평범한 사람들'을 중점적인 탐구의 대상으로 삼음으로써 기존 논의를 뛰어넘어 시대의 뒤안길로 보내 버릴 수 있었다는 서술에 집중하기로 하자.

오늘날 경제를, 정치를, 혹은 '정치경제학'적으로 사회를 논하고
자 할 때 가장 먼저 갖춰야 할 자세가 어쩌면 바로 이것일지도 모른
다. 가령 서울의 주택 가격, 특히 강남의 아파트 가격은 왜 이렇게
치솟으며 떨어질 줄을 모르는가? 보수 진영은 이해관계에만 주목해
야 한다고 주장하는 경향이 있고, 진보 진영에서는 이른바 '불로소
득'을 향한 탐욕을 도덕적으로 비난하는 것에서 그치게 마련이다. 그
리하여 부동산 정책을 둘러싼 논의는 결국 '정념 대 이해관계'의 논
쟁을 낮은 수준에서 반복하는 경우가 태반인데, 허시먼이 논하는바
애덤 스미스적인 태도로 이 사안을 바라본다면, 정념이나 이해관계
한쪽만을 근원으로 바라보는 것부터가 오류일 수 있을 것이다. '강남
아파트'는 막대한 투자 수익을 꿈꾸게 하는 부동산이지만, 동시에 대
한민국의 수도 서울에서 살아가는 '특별 시민'의 위치를 보증하는
신분재이기도 하기 때문이다. 주택은 재산이면서 동시에 상징으로서
도, 다시 말해 정념의 매개체로서도 기능하는 그 무엇이다. 다수의
'평범한 사람들'이 그와 상호작용하는 관계를 있는 그대로 바라보며
면밀히 검토하지 않는 한 좋은 논의가 이루어지기는 어려울 것이다.

좀 더 논의를 거슬러 올라가 볼 수도 있겠다. 한국의 경우, 정념
과 이해관계의 대립을 논하기에 앞서 정념 그 자체를 드러내고 상대
화해 바라보는 과정이 먼저 요구된다고 볼 수도 있으니 말이다. 한
국의 정치 지형 속에서 보수와 진보의 갈등은 그들이 각각 숙적으로
삼는 북한과 재벌을 향한 정념과 떼어 놓고 논의될 수 없다. 하지만
두 진영 어디에서도, 자신들의 (개념 정의상 비합리적인) 정념을 논의하

기는커녕, 그 존재를 인정하는 모습조차 보기 어려운 것이 사실이다.

그 결과 북한을 적대시하는 것을 정체성의 근본으로 삼는 정치세력과 재벌을 적대시하는 것을 고갱이로 삼는 이들의 정념과 정념이 직접적으로 충돌하지만, 그에 대한 건설적인 논의는 찾아보기 어렵다. 그런 맹목적 정념 위에서 이성이 경제 담론과 분석이라는 탈을 쓴 채 정념의 노예가 되어 싸운다.

지금 우리에게는 이해관계에 대한 분석적이고 정량적인 평가 이전에 정념을 정직하게 기술하고 논의할 수 있는 개방적인 분위기가 우선 필요할지도 모르겠다. 마치 몽테스키외와 제임스 스튜어트 이전에 프랑스의 모럴리스트들이 다각도로 정념을 나열하고 해부해, 정념 그 자체를 지적인 고찰의 대상으로 삼을 수 있게 했던 것처럼 말이다.

부족한 역량을 지닌 번역자가 오랜 시간에 걸쳐 옮긴 뒤, 과연 적절할지 여부를 장담할 수 없는 사족을 붙인 이유는, 이 책이 지니는 가치가 온전히 발휘될 수 있기를 진심으로 바라기 때문이다. 자본주의의 역사에서, 혹은 인류의 역사에서 가장 중요한 논쟁 가운데 하나가 이 책에 겹겹이 담겨 있다. 그런데 저자가 워낙 탁월한 지성의 소유자로서 매끄럽게 자신의 논의를 펼쳤기에, 자칫하면 독자로서는 그저 무릎을 치고 감탄하며 이 책을 '구경'하는 데 머무를 수도 있다는 우려 때문에 늘어놓는 이야기라고 할 수 있겠다.

『정념과 이해관계』의 등장인물들은, 앨버트 허시먼 본인을 포함해, 분과 학문으로 정착하기 이전의 '정치경제학'의 영역에서 치열한 연구와 고찰을 이어 나가며, 그것을 현실에서 어떻게 실천해야 할지 고민했던 사람들이다. 이 책을 한국어로 읽는 우리 역시, 부정적인 정념을 떨쳐 내고 발목을 잡는 이해관계를 극복해 가며, 현실에서 이론을 추출하고 이론을 통해 현실을 재구성하는 지적 운동을 멈추지 말아야 하는 것이다. 그 과정에 부족한 번역이 조금이라도 도움이 될 수 있기를 기원한다.

2020년 7월

역자 노정태

후주

20주년 기념판 서문

1 두 편 모두 Albert O. Hirschman, *Rival Views of Market Society and Other Recent Essays* (Cambridge, Mass.: Harvard University Press, 1992)에 재수록되었다.

제1부
이해관계는 어떻게 정념의 맞상대로 불려 나오게 되었나

1 Max Weber, *The Protestant Ethic and the Spirit of Capitalism*, Talcott Parsons trans. (New York: Scibner's, 1958), p. 74 [『프로테스탄티즘의 윤리와 자본주의 정신』, 김덕영 옮김, 도서출판 길, 2013, 97쪽].

2 Werner Sombart, *Der Bourgeois* (Munich: Duncker and Humbolt, 1913); Joseph A. Schumpeter, *History of Economic Analysis* (New York: Oxford University Press, 1954), p. 91 참조 [『경제분석의 역사 1~3』, 김균·성낙선·이상호·정중호·신상훈 옮김, 한길사, 2013]. Raymond de Roover, "The Scholastic Attitude Toward Trade and Entrepreneuship"은 de Roover, *Business, Banking and Economic Thought*, ed. Julius Kirshner (Chicago: University of Chicago Press, 1974)에 재수록되

어 있다. 커시너가 쓴 서론 격의 글, 특히 그 가운데 pp. 16~18 참조.

3 Herbert A. Deane, *The Political and Social Ideas of St. Augustine* (New York: Columbia University Press, 1963), pp. 44~56 참조.

4 같은 책, pp. 52, 268 참조.

5 Charles De Montesquieu, *Esprit des lois*, Book III, Ch. VII. 따로 표시되지 않는 한 모든 영어 번역은 필자의 것이다[『법의 정신』, 하재홍 옮김, 동서문화사, 2016, 48쪽. 이하 몽테스키외의 『법의 정신』과 루소의 저작에 대한 번역은 국역본과 허시먼의 영어 번역을 참고하되, 프랑스어 원본을 바탕으로 수정했으며, 이 과정에서 루소의 『사회계약론』(후마니타스, 2018)을 우리말로 옮긴 김영욱 선생의 도움을 받았다].

6 이와 같이 두 개의 지적 전통이 충돌하는 것은 Maria Rosa Lida de Malkiel, *La idea de la fama en la Edad Media Castellana* (Mexico: Fondo de Cultura Económica, 1952)에 기록되어 있다. 좀 더 정확한 제목을 달고 있는, 이 책의 프랑스어 판본인 *L'idée de la gloire dans la tradition occidentale* (Paris: Klincksieck, 1968)도 참조.

7 같은 책, Ch. 1, 2 참조. 중세의 기사도적 에토스와 르네상스 시기의 귀족주의적 이상 사이의 연속성은 Paul Bénichou, *Morales du grand stècle* (Paris: Gallimard, Collection Idées, 1948), pp. 20~23에서도 강조되고 있으며, 또한 Johan Huizinga, *The Waning of the Middle Age* (New York: Doubleday, 1945), pp. 40, 69 및 그다음에서도, 야코프 크리스토퍼 부르크하르트Jacob Christopher Burckhardt와의 논쟁 속에서, 강조되고 있다.

8 Bénichou, *Morales*, pp. 15~79. 코르네유의 주인공들 및 그들의 목표가 모두 실패로 끝난다는 점에 대해서는 Serge Doubrovsky, *Corneille et la dialectique du héros* (Paris: Gallimard, 1963) 참조.

9 이것은 Bénichou, *Morales*, pp. 155~180에서 강조하는 개념이다.

10 크로퍼드 브러 맥퍼슨에 대한 키스 토머스의 반론에 해당 내용이 설득력 있게 제시되어 있다. Keith Thomas, "Social Origins of Hobbes's Political Thought," in K. C. Brown, ed., *Hobbes Studies* (Oxford: Blackwell, 1965)에 수록.

11 Bénichou, *Morales*, pp. 262~267, 285~299.

12 Niccolò Machiavelli, *The Prince*, Ch. XV [『군주론』, 박상훈 옮김, 최장집 한국어판 서문, 후마니타스, 2014, 262쪽].

13 Richard S. Peters, *Body, Man, Citizen: Selections from Thomas Hobbes*, ed. Peters (New York: Collier, 1962)의 서론 참조.

14 Benedictus de Spinoza, *Ethics*, Part III, 서론, Translation by W. H. White revised by A. H. Stirling (London: Oxford University Press, 1927) [『에티카』, 강영계 옮김, 서광사, 1990, 130쪽; 『에티카』, 황태연 옮김, 비홍출판사, 2014, 159쪽].

15 Giambattista Vico, *Scienza nuova*, in *Opere*, ed. Fausto Nicolini (Milan: Ricciardi, 1953), pars. 131~132 [『새로운 학문』, 조한욱 옮김, 아카넷, 2019, 151~152쪽].

16 Deane, *Political and Social Ideas of St. Augustine*, Ch. IV 참조. 칼뱅의 정치적 사유에 대한 마이클 왈저의 언급은 Michael Walzer, "The State as an order of Repression," *The Revolution of the Saints* (Cambridge, Mass.: Harvard University Press, 1965), pp. 30~48에 수록되어 있다.

17 Vico, *Scienza nuova*, pars. 132~133; 130, 135도 함께 참조 [『새로운 학문』, 152쪽].

18 Francis Bacon, *Works*, ed. J. Spedding et al. (London, 1859), Vol. III, p. 418 [『학문의 진보』, 이종흡 옮김, 아카넷, 2002, 349쪽].

19 같은 책, p. 438. 강조는 인용자 [『학문의 진보』, 391~392쪽].

20 Leo Strauss, *The Political Philosophy of Hobbes* (Oxford: Clarendon Press, 1936), p. 92; Rachael M. Kydd, *Reason and Conduct in Hume's Treatise* (New York: Russell & Russell, 1946), p. 116 참조.

21 Spinoza, *Ethics*, Part IV, Prop. 7 [『에티카』, 황태연 옮김, 241쪽. 제4부, 정리 7].

22 같은 책, Part IV, Prop. 14 [『에티카』, 246쪽. 제4부, 정리 14].

23 같은 책, Part V, Prop. 42 [『에티카』, 334쪽. 제5부, 정리 42].

24 Kydd, *Reason and Conduct in Hume's Treatise*, pp. viii, 38, 156~162.

25 David Hume, *Treatise*, Book II, Part III, Section III [『인간이란 무엇인가: 오성, 정념, 도덕 본성론』, 김성숙 옮김, 동서문화사, 2016, 451~452쪽].

26 같은 책, Book III, Part II, Section II [『인간이란 무엇인가』, 535~536쪽; 『도덕에 관하여: 인간 본성에 관한 논고 3』, 이준호 옮김, 서광사, 1998, 71~72쪽].

27 David Hume, "Of Refinement in the Arts," in *Writings on Economics*, ed. E. Rotwein (Madison, Wis.: University of Wisconsin Press, 1970), pp. 31~32.

28 David Hume, *Essays Moral, Political, and Literary*, ed. T. H. Green and T. H. Grose (London: Longmans, 1898), Vol. I, pp. 226~227.

29 Franco Venturi, *Utopia e riforma nell'Illuminismo* (Torino: Einaudi, 1970), p. 99 [『계몽사상의 유토피아와 개혁』, 김민철 옮김, 글항아리, 2018]. 여기서 프랑코 벤투리는 이 글의 저자인 알렉상드르 들레르의 주목할 만한 경력을 간략히 서술하고 있다.

30 Luc de Clapiers de Vauvenargues, *Oeuvres complètes* (Paris: Hachette, 1968), Vol. I, p. 239.

31 Paul Henri Dietrich d'Holbach, *Système de la nature* (Hildesheim: Georg Olms, 1966, reproduction of 1821 Paris edition), pp. 424~425.

32 D. W. Smith, *Helvétius*, pp. 133~135.

33 Claude Adrien Helvétius, *De l'esprit* (Paris, 1758), pp. 159~160. 강조는 인용자.

34 이 주제에 대해서는 다음을 참조. Arthur O. Lovejoy, *Reflections on Human Nature* (The Johns Hopkins Press, 1961), Lecture II: "The Theory of Human Nature in the American Constitution and the Method of Counterpoise"; Richard Hofstadter, *The American Political Tradition and the Men Who Made It* (New York: Alfred A. Knopf, 1948), Ch. I: "The Founding Fathers: An Age of Realism"; Martin Diamond, "The American Idea of Man: The View from the Founding," in Irving Kristol and Paul Weaver, eds., *The Americans 1976* (Lexington, Mass.: D. C. Heath, 1976), Vol. II, pp. 1~23.

35 Thomas Hobbes, *Leviathan*, Ch. 13 [『리바이어던』, 진석용 옮김, 나남, 2008, 173~175쪽].

36 Friedrich Meinecke, *Die Idee der Staatsräson in der neueren Geschichte* (Munich: R. Oldenbourg, 1924), pp. 85 및 그다음. [『국가권력의 이념사』, 이광주 옮김, 민음사, 1990].

37 같은 책, p. 184.

38 같은 책, pp. 52~55.

39 같은 책, p. 211 [『국가권력의 이념사』, 284쪽].

40 Joseph Butler, *Analogy of Religion in Works* (Oxford: Clarendon Press, 1896), Vol. I, pp. 97~98.

41 Shaftesbury, *Characteristicks of Men, Manners, Opinions, Times*, reprint of the 1711 edn. (Indianapolis: Bobbs-Merrill, 1964), pp. 332, 336 (강조는 원문).

42 Hume, *Treatise*, Book III, Part II, Section II [『인간이란 무엇인가』, 71쪽].

43 La Rochefoucauld, *Oeuvres* (Paris: Hachette, 1923), Vol. I, p. 30 [『인간의 본성에 대한 풍자: 라로슈푸코의 잠언과 성찰』, 강주헌 옮김, 나무생각, 2003. 그러나 국역본에는 서문이 포함되어 있지 않다].

44 Jean de Silhon, *De la certitude des connaissances humaines* (Paris, 1661), pp.

104~105.

45 Adam Smith, *Wealth of Nations*, ed. E. Cannan (New York: Modern Library, 1937), p. 325 [『국부론』, 김수행 옮김, 비봉출판사, 2007, 418쪽].

46 Machiavelli, Letter of April 9, 1513, in *Opere* (Milan: Ricciardi, 1963), p. 1100.

47 17세기 프랑스어권 문헌에 대한 조사는 F. E. Sutcliffe, *Guez de Balzac et son temps: littérature et politique* (Paris: Nizet, 1959), pp. 120~131에서 볼 수 있다. 중세에 탐욕이 중죄 가운데 차지하던 위상의 변화에 대해서는 다음을 참조. Morton Bloomfield, *The Seven Deadly Sins* (East Lansing, Mich.: Michigan State College Press, 1954), p. 95.

48 Gunn, "Interest," p. 559, note 37.

49 Helvétius, *De l'esprit*, p. 53.

50 Jacques-Bénigne Bossuet, *Politique tirée des propres paroles de l'criture Sainte*, ed. J. LeBrun (Geneva: Droz, 1962), p. 24, 그리고 A. J. Krailsheimer, *Studies in Self-Interest from Descartes to La Bruyère* (Oxford: Clarendon Press, 1962), p. 184.

51 Spinoza, *Tractatus theologico-politicus*, Ch. V, in Spinoza, *The Political Works*, ed. A. G. Wernham (Oxford: Clarendon Press, 1958), p. 93 [『스피노자 선집』, 황태연 옮김, 비홍출판사, 2016, 112쪽. 인용문은 황태연의 번역을 따랐다. 다만 본문에서 '정념'으로 옮기고 있는 단어를 황태연은 감정으로 옮기고 있다. 참고로 강영계는 '마음의 정서'로 옮기고 있다. 『신학-정치론』, 강영계 옮김, 서광사, 2017, 136쪽].

52 핼리팩스 후작의 글은 Raab, *The English Face of Machiavelli*, p. 247에 인용되어 있다.

53 La Bruyère, *Les caractères* (Paris: Gamier, 1932), p. 133.

54 Shaftesbury, *Characteristicks*, p. 76, Jacob Viner, *The Role of Providence in the Social Order* (Philadelphia: American Philosophical Society, 1972), p. 70에 인용되어 있다.

55 Butler, *Analogy*, p. 121, note.

56 R. Koebner, "Despot and despotism: Vicissitudes of a Political Term," *Journal of the Warburg and Courtauld Institutes* 14 (1951), p. 293의 1649년 교리문답서에서 재인용.

57 David Hume, *History of England* (London, 1782), VI, p. 127. Giuseppe Giarrizzo, *David Hume politico e storico* (Turin: Einaudi, 1962), p. 209에서 재인용.

58 Felix Gilbert, *Machiavelli and Guicciardini* (Princeton, N. J.: Princeton University Press, 1965), p. 157.

59 Gunn, "Interest," p. 557.

60 Gunn, *Politics*, p. 160.

61 James Steuart, *An Inquiry into the Principles of Political Oeconomy* (1767), ed. A. S. Skinner (Chicago: University of Chicago Press, 1966), Vol. I, pp. 143~144.

62 Charles Herle, *Wisdomes Tripos* …… (London, 1655), Gunn, "Interest," p. 557에서 재인용.

63 Samuel Butler, *Characters and Passages from Notebooks*, ed. A. R. Waller (Cambridge: University Press, 1908), p. 394. 또한 Gunn, "Interest," pp. 558~559 참조.

64 Gunn, *Politics*, Ch. IV.

65 Spinoza, *Ethics*, Part IV, Prop. 33 [허시먼의 영어판과 국역본들은 번역어 선택 등에서 차이가 있다. 국역본 가운데 참고한 두 문헌도 번역어 선택에 차이가 있기에 아래 병기한다. "사람들은 수동적 감정에 의해 휘둘리는[침범당하는] 한에 있어서 본성상 서로 다를 수 있으며, 또 그러한 한에 있어서는 동일한 인간조차도 변하기 쉽고 변덕스럽다"(『에티카』, 황태연 옮김, 258쪽). "인간은 열정적 정서에 사로잡히는 한 본성상 서로 다를 수 있으며, 그러한 한 동일한 인간조차도 변하기 쉽고 불안정하다"(『에티카』, 강영계 옮김, 234쪽)].

66 Leonard Krieger, *The Politics of Discretion: Pufendorf and the Acceptance of Natural Law* (Chicago: Chicago University Press, 1965), p. 119 참조.

67 Peter Laslett, "Introduction," in John Locke, *Two Treatises of Government*, ed. Laslett (Cambridge: University Press, 2nd edn. 1967), p. 74.

68 Locke, *Two Treatises*, II, par. 127 [『통치론: 시민정부의 참된 기원, 범위 및 그 목적에 관한 시론』, 강정인·문지영 옮김, 까치, 1996, 121쪽].

69 같은 책, par. 22 [『통치론』, 29쪽].

70 Hume, *Essays Moral, Political, and Literary*, Vol. I, p. 160.

71 Johnson, *Rasselas*, Ch. 39 [『라셀라스』, 이인규 옮김, 민음사, 2005, 제39장, 188쪽].

72 Montesquieu, *Esprit des lois*, Book XX, Ch. 4 [『법의 정신』, 353쪽].

73 Georg Simmel, *Philosophie des Geldes* (Leipzig: Duncker and Humblot, 1900), p. 232 [『돈의 철학』, 김덕영 옮김, 도서출판 길, 2013, 402쪽].

74 James Boswell, *Boswell's Life of Johnson* (New York: Oxford University Press,

1933), Vol. I, p. 567. 날짜는 1775년 3월 27일이다.

75 Luc de Clapiers de Vauvenargues, *Réflexions et maximes in Oeuvres* (Paris: Cité des livres, 1929), Vol. II, p. 151.

76 Salvador de Madariaga, *The Fall of the Spanish-American Empire* (London: Hollis and Carter, 1947), p. 7. 강조는 인용자.

77 François de Forbonnais, *Recherches et considérations sur les finances de. France, depuis l'année 1595 jusqu'à l'année 1721* (Basle, 1758), Vol. I, p. 436 에서 재인용.

78 Jacques Savary, *Le parfait négociant, ou Instruction générale de tout ce qui regarde le commerce* (Paris, 1675), 1713 edn., p. 1 (강조는 원문).

79 Viner, *Providence*, pp. 36 및 그다음.

80 Montesquieu, *Esprit des lois*, Book XX, Ch. 1 [『법의 정신』, 351쪽].

81 *Règlement intérieur du Collège Louis-le-Grand* (1769), p. 36. 이 문서는 1974년 여름, 파리, 프랑스 국립기록보관소Archives Nationales에서 열린 '18세기 파리의 일상생활 전시회'Exhibition of Daily Life in Paris in the Eighteenth Century의 163번 전시물이었다.

82 Shaftesbury, *Characteristicks*, p. 336.

83 Francis Hutcheson, *A System of Moral Philosophy*, facsimile of 1755 edn. in *Works* (Hildesheim: Georg Olms, 1969), Vol. V, p. 12.

84 Hume, *Treatise*, Book II, Part III, Section IV.

85 Smith, *Wealth of Nations*, p. 324 [『국부론』, 418쪽]. 강조는 인용자.

86 Hume, *Writings on Economics*, p. 53.

제2부

경제성장이 정치 질서를 개선한다는 기대는 어떻게 형성되었는가

1 Montesquieu, *Esprit des lois*, Book V, Ch. 6 [『법의 정신』, 하재홍 옮김, 70쪽].

2 같은 책, Book XXI, Ch. 20 [『법의 정신』, 398~399쪽].

3 같은 책, Book XXII, Ch. 14 [『법의 정신』, 429쪽].

4 같은 책, Book XX, Ch. 23 [『법의 정신』, 363~364쪽, 특히 363쪽 참조].

5 Spinoza, *Tractatus Politicus*, Ch. VI, par. 12. Spinoza, *The Political Works*,

p. 321 [『정치론』, 공진성 옮김, 도서출판 길, 2020, 157~158쪽] 참조.

6 같은 책, Ch. VII, par. 8. 같은 책, pp. 341~343 [『정치론』, 195~196쪽을 참조하되, 저자가 인용하고 있는 영어본의 맥락을 좀 더 살려 두었다. 해당 문장에 대한 공진성의 번역은 다음과 같다. "⋯⋯ 그것은 어떤 시민도 부동산을 가지지 않도록 하는 것이다. 그러면 전쟁에서 비롯하는 위험이 모든 사람에게 거의 같아진다. 왜냐하면 만약 사람들로 하여금 한때 아테네인들이 그랬던 것처럼, 자기 돈을 주민이 아닌 다른 사람에게는 이자를 받고 빌려주지 못하도록 법으로 금지한다면, 모든 사람이 이익을 얻기 위해서는 외국과 상업을 행하거나, 자기 돈을 주민에게 빌려줄 것이기 때문이다. 그러므로 시민들은 서로 얽혀 있는 일 또는 자신들이 발전하기 위해 동일한 수단을 필요로 하는 일을 취급해야 할 것이다"].

7 Alexandre Matheron, *Individu et communauté chez Spinoza* (Paris: Minuit, 1969), pp. 176~178 [『스피노자 철학에서 개인과 공동체』, 김문수·김은주 옮김, 그린비, 2008, 254~260쪽].

8 Montesquieu, *Oeuvres complètes* (Paris: Pléiade, NRF, 1949), Vol. I, p. 112.

9 Montesquieu, *Esprit des lois*, Book XI, Ch. 4 [『법의 정신』, 178쪽].

10 같은 곳 [『법의 정신』, 178쪽].

11 Coleman, ed., *Revisions in Mercantilism*에서 콜먼의 서문. pp. 15~16 참조.

12 Jean-François Melon, *Essai politique sur le commerce* (1734) in E. Daire, *Economistes français du 17c siècle* (Paris, 1843), p. 733.

13 Montesquieu, *Esprit des lois*, Book XX, Ch. 2 [『법의 정신』, 351쪽].

14 같은 곳. [『법의 정신』, 352쪽].

15 Melon, *Essai politique*, p. 733. 상업에서 얻을 수 있는 크나큰 영광에 대한 확장된 논의로는 다음을 참조. Abbé Gabriel François Coyer, *La noblesse commerçante* (London, 1756), 그리고 Louis de Sacy, *Traité de la gloire* (Paris, 1715), pp. 99~100.

16 Ronald L. Meek, *Economics and Ideology and Other Essays* (London: Chapman and Hall, 1967) 참조. 특히 그가 1954년에 쓴 에세이인 "The Scottish Contribution to Marxist Sociology," pp. 34~50 참조.

17 Steuart, *Inquiry*, Vol. I, p. 181 (강조는 인용자).

18 같은 책, p. 213.

19 Paul Chamley, *Economie politique et philosophie chez Steuart et Hegel* (Paris: Dalloz, 1963), 그리고 Paul Chamley, *Documents relatifs à Sir James Steuart* (Paris: Dalloz, 1965), pp. 89~92, 143~147 참조.

20 Steuart, *Inquiry*, Vol. I, p. 278.

21 같은 책, pp. 278~279.

22 S. R. Sen, "Steuart's Economics of Control," in *The Economics of Sir James Steuart* (London: B. Bell and Sons, 1957), Ch. 9 참조. Ronald L. Meek, "The Economics of Control Prefigured," *Science and Society*, Fall 1958.

23 Steuart, *Inquiry*, Vol. I, p. 278.

24 같은 책, p. 217.

25 라이프니츠와 볼테르가 대중화했으나, 그 용례는 니콜 오렘(기원전 1382 사망) 까지 거슬러 올라간다. Lynn White, *Medieval Technology and Social Change* (Oxford: Clarendon Press, 1963), p. 125. 또한 Carlo M. Cipolla, *Clocks and Culture, 1300-1700* (London: Collins, 1967), pp. 105, 165 참조.

26 William C. Lehmann, *John Millar of Glasgow, 1735-1801* (Cambridge: University Press, 1960), pp. 330~331. 밀러의 주요 저작들은 이 책의 3부와 4부에 재수록되어 있다.

27 같은 책, p. 336.

28 같은 책, pp. 337~339 (강조는 인용자).

29 E. P. Thompson, *The Making of the English Working Class* (New York: Vintage Books, 1963), p. 361 [『영국 노동계급의 형성』, 나종일·노서경·김인중·유재건·김경옥·한정숙 옮김, 창작과비평사, 2000, 497쪽]에서 재인용.

30 밀러의 에세이는 1801년 그가 사망한 뒤 발견되어 날짜를 특정하기 어렵다.

31 George Rudé, *Wilkes and Liberty: A Social Study of 1763 to 1774* (Oxford: Clarendon Press, 1962), pp. 179~184. 또한 Frank Ackerman, "Riots, Populism, and Non-Industrial Labor: A Comparative Study of the Political Economy of the Urban Crowd" (미출간 박사 학위논문, Harvard University, Department of Economics, 1974), Ch. 2 참조.

32 삭제된 문장들은 Hume, *Essays Moral, Political, and Literary*, Vol. I, p. 97에 각주로 삽입되었다.

33 Pauline Maier, "Popular Uprisings and Civil Authority in Eighteenth-Century America," *William and Mary Quarterly* 27 (Jan. 1970), p. 18. 또한 Dirk Hoerder, "People and Mobs: Crowd Action in Massachusetts during the American Revolution" (미출간 논문, Freie Universität, Berlin, 1971), pp. 129~137도 참조.

34 Maier, "Popular Uprisings and Civil Authority," p. 27.

35 Ronald L. Meek, *The Economics of Physiocracy* (Cambridge, Mass.: Harvard University Press, 1963) 참조.

36 A. S. 스키너의 서문 참조. Steuart, *Inquiry*, Vol. I, p. xxxvii, 또한 Chamley, *Documents relatifs à Sir James Steuart*, pp. 71~74 참조.

37 Smith, *Wealth of Nations*, pp. 800, 880 [『국부론』, 김수행 옮김, 1049, 1159~1160쪽 참조].

38 Meek, "Extract from 'Rural Philosophy'," *The Economics of Physiocracy*, p. 63.

39 Jacob Viner, "Adam Smith and Laissez Faire," *Journal of Political Economy* 35 (April 1927), pp. 198~232.

40 "Hommes" (1757) in *François Quesnay et la Physiocratie* (I.N.E.D., 1958), Vol. II, p. 570.

41 Hobbes, *Leviathan*, Ch. 19 [『리바이어던』, 진석용 옮김, 252쪽].

42 이 용법은 르메르시에 드 라리비에르의 것에 기인하고 있다.

43 중농학파의 이 같은 측면에 대해서는 Mario Einaudi, *The Physiocratic Doctrine of Judicial Control* (Cambridge, Mass.: Harvard University Press, 1938) 참조.

44 Pierre-Paul Lemercier de La Rivière de Saint-Médard, *Ordre naturel et essentiel des sociétés politiques*, Ed. E. Depître (Paris, 1910), Ch. 19, 44. 또한 Georges Weulersse, *Le mouvement physiocratique en France, 1756-1770* (Paris: Alcan, 1910), Vol. II, pp. 44~61 참조.

45 Simon-Nicholas Henri Linguet, *Théories des lois civiles* (London, 1774), Vol. I, pp. 118~119 (Oeuvres, III).

46 그들이 공공 정책과 여론의 분위기에 미친 상당한 영향에 대해서는 다음을 참조. Weulersse, *Le mouvement physiocratique*, Vol. II, Book 4.

47 Smith, *Wealth of Nations*, p. 385 [『국부론』, 499쪽].

48 같은 책, p. 388 [『국부론』, 504쪽].

49 같은 책, p. 387 [『국부론』, 504쪽].

50 같은 책, p. 391 [『국부론』, 507쪽].

51 같은 책, p. 390 [『국부론』, 507쪽].

52 David Hume, *The History of England* (Oxford, 1826), Vol. V, p. 430 (Appendix III "Manners"). 그리고 Adam Smith, *Lectures on Justice, Police, Revenue and Arms*, ed. E. Cannan (Oxford: Clarendon Press, 1896), pp. 42~43.

53 Smith, *Wealth of Nations*, p. 460 [『국부론』, 600쪽].

54 같은 책, p. 638 [『국부론』, 832쪽].

55 같은 책, p. 508 [『국부론』, 661쪽].

56 최근의 언급으로는 다음을 참조. Nathan Rosenberg, "Adam Smith on the Division of Labor: Two Views or One?," *Economica* 32 (May 1965), pp. 127~139. 그리고 Robert L. Heilbroner, "The Paradox of Progress: Decline and Decay in The Wealth of Nations," *Journal of the History of Ideas* 34 (April~June 1973), pp. 242~262도 참조.

57 Smith, *Wealth of Nations*, p. 735 [『국부론』, 958쪽].

58 Adam Smith, *Lectures on Justice, Police, Revenue and Arms*, p. 257.

59 같은 책, p. 259.

60 같은 책, pp. 253~255.

61 마키아벨리부터 18세기 영국과 미국에 이르는 정치사상 내 공화주의적 전통에 대한 완전한 역사적 개괄과 분석을 원한다면 Pocock, *Machiavellian Moment* [『마키아벨리언 모멘트 1~2』, 곽차섭 옮김, 나남, 2011] 참조.

62 Smith, *Wealth of Nations*, p. 324 [『국부론』, 418쪽].

63 Adam Smith, *The Theory of Moral Sentiments*, 9th edn. (London, 1801), Vol. I, pp. 98~99 (강조는 인용자) [『도덕감정론』, 박세일·민경국 옮김, 비봉출판사, 2009, 91~92쪽]. 다음의 흥미로운 논문에는 이 같은 논지를 보충해 주는 다수의 문단이 인용되어 있다. Nathan Rosenberg, "Adam Smith, Consumer Tastes, and Economic Growth," *Journal of Political Economy* 7 (May~June 1968), pp. 361~374. 러브조이가 지적하다시피, 이런 사고는 베블런의 『유한계급론』*Theory of the Leisure*의 주요 논지 가운데 하나인 '과시적 소비'를 놀라우리만치 선취한다. 이에 대해서는 다음을 참조. Lovejoy, *Reflections on Human Nature*, pp. 208~215.

64 Jean-Jacques Rousseau, *Emile*, Part IV [『에밀 또는 교육론』, 문경자·이용철 옮김, 한길사, 2007], 그리고 Rousseau, *Discours sur l'origine et les fondements de l'inégalité parmi les hommes*, note o [『인간 불평등 기원론』, 김중현 옮김, 펭귄클래식코리아, 2015, 미주 15번] 참조.

65 Lovejoy, *Reflections on Human Nature*, p. 146에서 재인용 [『인간 불평등 기원론』, 174쪽, 루소의 주 16번].

66 Smith, *Wealth of Nations*, pp. 594~595 (강조는 인용자) [『국부론』, 775~776쪽].

67 Niccoló Machiavelli, *Discourses on Livy*, Book I, Ch. LXVIII [『로마사 논고』,

강정인·안선재 옮김, 한길사, 2003, 250쪽 참조].

68 Thomas Hobbes, *English Works*, Vol. II, p. 160. Keith Thomas, "The Social Origins of Hobbes's Political Thought," in Brown, ed., *Hobbes Studies*, p. 191 에서 재인용.

69 Erich Auerbach, *Mimesis: The Representation of Reality in Western Literature* (Princeton, N. J.: Princeton University Press, 1953), pp. 139~141 및 여러 곳 참조.

제3부

지성사의 한 사건에 대한 성찰

1 Emmanuel Chill, ed., *Power, Property and History: Joseph Barnave's Introduction to the French Revolution and Other Writings* (New York: Harper, 1971), p. 142에서 재인용.

2 Adam Ferguson, *Essay on the History of Civil Society*, edited, with an introduction, by Duncan Forbes (Edinburgh University Press, 1966), p. 19.

3 같은 책, p. 261.

4 마키아벨리부터 해밀턴까지, 이 전통을 망라하고 있는 책으로는 Pocock, *Machiavellian Moment* [『마키아벨리언 모멘트 1~2』, 곽차섭 옮김] 참조.

5 Ferguson, *Essay*, p. 262.

6 같은 책, pp. 268~269 (강조는 인용자).

7 Alexis de Tocqueville, *Democracy in America*, Vol. 2, Part 2, Ch. 14 [『아메리카의 민주주의 2』, 이용재 옮김, 아카넷, 2018, 254쪽].

8 존 울릭 네프는 이 문장을 그의 유명한 2부작 에세이의 제사로 사용했다. John U. Nef, "Industrial Europe at the time of the Reformation," *Journal of Political Economy* 49 (Feb.~April 1941), p. 1.

9 Honoré de Balzac, *La Cousine Bette* (Paris: Conard, 1914), p. 342 [『사촌 베트 (하)』, 박현석 옮김, 동해출판, 2007, 135쪽]. Harry Levin, *The Gates of Horn* (New York: Oxford University Press, 1963), pp. 152~153에서 영어로 재인용.

10 Tocqueville, *Democracy in America*, Vol. 2, Part 2, Ch. 14 [『아메리카의 민주주의 2』, 257쪽 참조].

11 Thomas Hobbes, *English Works*, Vol. II, p. 160. Keith Thomas, "The Social Origins of Hobbes's Political Thought," in Brown, ed., *Hobbes Studies*, p. 191 에서 재인용.

12 Jean-Jacques Rousseau, *Discours sur l'origine et les fondements de l'inégalité parmi les hommes*, note I [『인간 불평등 기원론』, 김중현 옮김, 147쪽. 루소의 주 9 번].

13 이에 대한 프루동의 발전된 생각은 Pierre Joseph Proudhon, *Théorie de la propriété*, in *Oeuvres complètes* (Paris, 1866), Vol. 27, pp. 37, 134~138, 189~212 참조.

14 John Kenneth Galbraith, *American Capitalism: The Concept of Countervailing Power* (Boston: Houghton Mifflin, 1952) [『미국의 자본주의』, 최황렬 옮김, 양영각, 1981].

15 Joseph A. Schumpeter, "The Sociology of Imperialisms" (1917), in *Imperialism and Social Classes* (New York: Kelley, 1951).

찾아보기